SOBREVIVEU A AUSCHWITZ

Emanuela Zuccalà

LILIANA SEGRE
uma das últimas testemunhas
da *Shoah*

Apresentação de Carlo Maria Martini

Dados Internacionais de Catalogação na Publicação (CIP)
(Câmara Brasileira do Livro, SP, Brasil)

Segre, Liliana
  Sobreviveu a Auschwitz : uma das últimas testemunhas da Shoah /
[editado por] Emanuela Zuccalà ; apresentação de Carlo Maria Martini ;
[tradução de António Maia da Rocha] . – São Paulo : Paulinas, 2015. –
(Coleção superação)

  Título original: Sopravvissuta ad Auschwitz.
  ISBN 978-85-356-3921-6

  1. Auschwitz (Campo de concentração) 2. Crianças judias no Holocausto
- Itália - Biografia 3. Holocausto judeu (1939-1945) - Itália - Narrativas
pessoais 4. Judeus - Itália - Biografia 5. Segre, Liliana I. Zuccalà,
Emanuela. II. Martini, Carlo Maria. III. Título.

15-03324   CDD-940.5318092

Índices para catálogo sistemático:
1. Holocausto judeu : Sobreviventes : Biografia   940.5318092
2. Sobreviventes : Holocausto judeu : Biografia   940.5318092

Título original da obra: *Sopravvissuta ad Auschwitz*
© Paoline Editoriale Libri. Figlie di San Paolo.
Via Francesco Albani, 21 – 20149 Milano – Italy, 2005.

1ª edição – 2015

Direção-geral:	*Bernadete Boff*
Editora responsável:	*Maria Goretti de Oliveira*
Tradução:	*©Paulinas Editora, Portugal*
	António Maia da Rocha
Copidesque:	*Mônica Elaine G. S. da Costa*
Coordenação de revisão:	*Marina Mendonça*
Revisão:	*Ana Cecilia Mari*
Gerente de produção:	*Felício Calegaro Neto*
Projeto gráfico:	*Manuel Rebelato Miramontes*

*Nenhuma parte desta obra poderá ser reproduzida ou transmitida
por qualquer forma e/ou quaisquer meios (eletrônico ou mecânico,
incluindo fotocópia e gravação) ou arquivada em qualquer sistema ou
banco de dados sem permissão escrita da Editora. Direitos reservados.*

Paulinas
Rua Dona Inácia Uchoa, 62
04110-020 – São Paulo – SP (Brasil)
Tel.: (11) 2125-3500
http://www.paulinas.org.br – editora@paulinas.com.br
Telemarketing e SAC: 0800-7010081
© Pia Sociedade Filhas de São Paulo – São Paulo, 2015

Agradeço a Liliana Segre,
por ter-me dado acesso às suas recordações,
às suas fotografias,
às cartas que recebe dos estudantes.
Ao cardeal Carlo Maria Martini,
por ter participado neste nosso pequeno projeto.
A Anna di Stefano, pela sua paixão de docente
e pelas suas sugestões.
À Fondazione Centro di Documentazione
Ebraica Contemporanea – CDEC de Milão,
pelo material indispensável que me forneceu.
Dedico este livro à minha mãe Pia.
Tenho certeza de que
o relato de Liliana Segre
ter-lhe-ia emocionado.

SUMÁRIO

Apresentação 9

Introdução 13

Um relato com quinze anos 13

I — Menina em Auschwitz 25

Por culpa de ter nascido 28

A fuga dos sonhos 38

Os últimos homens 45

O choro, a oração e o silêncio 54

Mulheres-nada 58

A seleção 77

Fantasmas em marcha 87

II — Testemunha da *Shoah* 105

Uma dívida a pagar 113

"O que você pensa de Israel e dos *skinheads?*" 128

O que fica 133

III — "Escolhi a vida" 139

Ébria de liberdade 141

O comboio do regresso 163

"Mostre o seu número a eles" 170

Um amor na praia 187

IV — Os jovens e a memória 195

APRESENTAÇÃO

Excelentíssima Emanuela Zuccallà,

Estou muito contente com o fato de Liliana Segre ter permitido a publicação de seu testemunho sobre a *Shoah*, o qual nestes anos pôde ser apresentado a muitas pessoas, sobretudo jovens, para que não se perca a memória daqueles horrores e para que nunca mais se repitam, por nenhum motivo nem por pessoa humana alguma.

Como será dito na introdução, é "a vivência de uma menina que, por mero acaso, escapou a um plano de extermínio quase perfeito e que, apesar de tudo, se tornou uma mulher de paz".

É a história de muito judeus perseguidos com uma ferocidade e uma determinação que ainda hoje não conseguimos compreender, mas que revela quanto mal há no coração do homem e como é horrível o antissemitismo causador de tantas tragédias e tantas lágrimas.

Há alguns anos, uma noite, ouvi Liliana Segre, que eu tinha convidado a falar na Villa Sacro Cuore de

Triuggio, perto de Milão, por ocasião de um conselho pastoral diocesano. Imediatamente me impressionou o seu modo calmo e objetivo de falar de assuntos terríveis, com uma fortíssima participação emotiva que transparecia por detrás das palavras, sem nunca ceder à retórica.

Impressionou-me também a sua ausência de ódio, o seu amor à vida, a sua capacidade de perceber os sinais de vida mesmo em lugares de morte.

Reencontrei todas essas características nas páginas agora publicadas e que, como naquela noite em Triuggio, nos fazem prender a respiração e ao mesmo tempo não deixam a impressão de amargura ou de desespero, antes, de confiança na vida e na força de resistência humana diante do mal que, a certo ponto, se exprime no aviso: "Jamais diga: 'Nunca conseguirei!'".

Contudo, neste livro há também o testemunho de como é alto o preço psicológico pago para conseguir superar tantos horrores e fazer deles objeto de testemunho. Foi um processo que durou muitos anos e que nos ajuda a compreender como os sofrimentos atrozes suportados deixaram uma marca tão acentuada que as recordações só conseguiram emergir depois de uma longa e difícil elaboração.

Reli com emoção aquelas palavras que já, um dia, me tinham impressionado, quando Liliana Segre contou como, no momento da libertação, com a pistola de um carcereiro aos seus pés, teria podido realizar um gesto de vingança. A tentação existiu, "Mas foi só uma fração de segundo. Um instante importantíssimo, definitivo na minha vida, que me fez compreender que eu, nunca, por nenhum motivo no mundo, teria sido capaz de matar".

Outra coisa muito importante foi dita naquela noite, que não é referida no livro, e que diz respeito ao sentido do mistério. Mas trata-se de um testemunho tão belo e pessoal que não ouso reproduzi-lo aqui.

Por isso, volto a exprimir a minha gratidão a Liliana Segre, com quem, a partir de então, permaneci em contato com afeto e admiração, por este profundíssimo testemunho de humanidade que tocará o coração de muitos outros que lerem este livro.

CARLO MARIA MARTINI

INTRODUÇÃO

"O regime hitleriano procurava criar vazios de esquecimento, em que desaparecesse toda a diferença entre o bem e o mal... Mas não há vazios de esquecimento. Nenhuma coisa humana pode ser completamente apagada: alguém sempre permanecerá vivo para contar."

Hannah Arendt[1]

Um relato com quinze anos

Numa tarde repleta de sol, de livros e de fotografias antigas e recentes, o pequeno Filippo dorme nos braços da avó. De vez em quando, abre os olhos, ainda de uma cor indefinida. Esboça um suavíssimo esgar que se parece com um sorriso. Depois, deixa-se de novo raptar por um sono plácido. O seu rosto de recém-nascido é o último e concreto fotograma da sequência de amor e

---

[1] ARENDT, H. *Eichmann em Jerusalém*: um relato sobre a banalidade do mal. São Paulo, Companhia das Letras, 2000.

de vida que arrastou Liliana Segre para longe dos portões de Auschwitz.

Olhar para esta senhora milanesa de setenta e quatro anos[*] que sorri, conversa e oferece balas de fruta, enquanto conta as suas últimas leituras, as viagens programadas, a sua rotina familiar diária, e saber que, quando adolescente, conheceu um campo de concentração, símbolo do mal do mundo, produz um não sei quê de inexplicável, um curto-circuito de imagens e lugares-comuns.

E, no entanto, é precisamente esta a mensagem que a sua tranquila normalidade comunica: de algum modo especial e só ao fim de algum tempo – este é o ponto mais importante –, há cura para quem esteve em Auschwitz. Depois de ter morado naquela cidade artificial do mal absoluto, ainda é possível viver, amar, sentir-se humano e – o fato mais incrível – livre da tentação de odiar para sempre.

Liliana Segre é uma das últimas testemunhas da *Shoah* ainda viva e com a coragem de testemunhar; a sua voz é capaz de guiar-nos através de universo negro de

---

[*] Os testemunhos aqui narrados foram dados no ano de 2004. As datas citadas na obra fazem referência a esta data. Optamos por não atualizá-las para, desse modo, nos mantermos fiéis à época do testemunho. (N.E.)

emoções e medos nos limites que os livros de história dificilmente nos transmitem.

Um filme-documentário de Marcello Pezzetti e Liliana Picciotto Fargion,[2] rodado em 1996, contava noventa sobreviventes ainda presentes na Itália, dos cerca de oitocentos judeus italianos libertados dos campos nazistas. Entre eles, porém, é natural que alguns nunca tenham contado em público a sua vivência terrível e que outros estejam cada vez mais cansados de reviver o horror diante de uma plateia ou de uma câmara de televisão.

Também Liliana Segre se fechou em si mesma, durante anos.

Até 1990, preferiu calar-se, para dedicar-se a construir do nada uma vida e uma serenidade mutiladas pela experiência do extermínio. Mas, um dia, decidiu *trabalhar* como testemunha e os primeiros interlocutores que procurou foram os jovens, os estudantes, para transmitir-lhes aquilo que ela, quando jovem, tinha vivido. Sem floreados ideológicos, mas somente apoiada na força das suas recordações.

---

[2] *Memoria. I sopravvissuti raccontano*, realização de Ruggero Gabbai, promovido pela Fondazione Centro de Documentazione Ebraica Contemporanea – CDEC, pela Forma International e pela Associazione Figli della *Shoah*.
Um videocassete faz parte do fascículo *Tra storia e memoria*. *La Shoah spiegata ai ragazzi* (Proedi editore), realizado por ocasião da mostra *Shoah. L'infanzia rubata* (Milão, janeiro de 2004) e oferecido às escolas e professores.

Uma síntese da sua história pessoal já está contida em alguns livros,[3] em numerosos artigos de jornais e em algumas transmissões televisivas. O seu testemunho é um dos cinquenta e dois mil recolhidos em vídeo por Steven Spielberg em cinquenta e seis países (quatrocentos provêm da Itália) para a Survivers of the *Shoah Visual History Foundation*, por ele criada em 1994 em Los Angeles: cento e vinte mil horas de gravação que compõem o mais amplo arquivo mundial da história da televisão.

Liliana Segre optou por tornar-se uma personagem pública devido a um conjunto de razões simultaneamente pessoalíssimas e universais: por seus familiares e amigos sepultados em Auschwitz, pela fé no valor da memória e pela necessidade de mantê-la em exercício para todos os que vierem depois.

A sua história[4] é um encadeamento de coincidências e eventos quase romanescos que a conduziram incólume para fora da cidade da morte. Menina judia na

---

[3] O mais recente é *Come uma rana d'inverno. Conversazione com tre donne sopravissute ad Auschwitz*, da jornalista Daniela Padoan (Bompiani, Milão, 2004).

[4] Além de Liliana Segre, a autora entrevistou Goti Bauer e Giuliana Tedeschi. Em 1995, tinha sido lançado *Voci dalla Shoah. Testimonianze per non dimenticare* (La Nuova Itália, Florença, 1995), um volume fora do mercado promovido pela seção milanesa da Associazione Donne Ebree d'Italia (Aldei-Wizo) e pela Província de Milão. O livro contém em síntese os testemunhos de Liliana Segre, Goti Bauer e Nedo Fiano, além de um impressionante *Dizionario del lager*, de Oliver Lustig, traduzido por Goti Bauer.

Itália fascista, foi presa com o pai no dia 8 de dezembro de 1943 na fronteira com a Suíça, depois de uma fracassada tentativa de fuga. Esteve presa durante quarenta dias na cadeia milanesa de San Vittore. A 30 de janeiro de 1944, meteram-na num comboio para Auschwitz, onde chegou a 6 de fevereiro. Na *judenrampe*, passou pela primeira seleção, quando com treze anos deveria ter ido imediatamente para as câmaras de gás com as outras meninas judias. Mas, como era alta, já parecia adulta.

Nua, diante dos tribunais periódicos preparados no campo para decidir a vida ou a morte dos prisioneiros, passou por outras três seleções. Ela, com o seu aspecto esquelético e doente que não lhe dava o direito de continuar a viver, foi destinada a trabalhar como operária na fábrica *Union*. Trabalhou abrigada, preservada do inverno polonês que matava com a mesma crueldade que as SS.[*]

Pouco antes da libertação do campo pelos russos, no dia 27 de janeiro de 1945, foi arrastada com outras massas de prisioneiros ao longo de uma loucura chamada *a marcha da morte*: um cortejo espectral de pessoas aniquiladas, já sem forças, transportadas de campo em

---

[*] Corpo militarizado que era a guarda de elite do partido nazista alemão e seu principal instrumento de controle. (N.E.)

campo, durante a noite, para que o mundo não soubesse nem suspeitasse.

Doente, com trinta e dois quilos, também sobreviveu a essa dura prova. Foi libertada nos arredores de Ravensbrück, no dia 1º de maio de 1945, e, a 3 de agosto, conseguiu regressar a Milão e, ainda, sobreviver à muralha de esquecimento, ao desinteresse e ao sentimento de incômodo e mal-estar que, durante anos, na Itália, rodeou os sobreviventes do extermínio.

Hoje, o balanço da sua existência não tem saldo negativo: um casamento feliz, três filhos e três netos. O menor, Filippo, embalado nos seus braços.

"Eu era como um arminho que cai na lama e consegue sair de lá branco", gosta de dizer, reconhecendo o absurdo. "Milhares, melhor, milhões de vezes já me perguntei por que sobrevivi à *Shoah*. Mas não há resposta. Poderia dizer que Deus pôs a sua mão na minha cabeça; porém, por que a mim e não à companheira que dormia ao meu lado? Não é esta a explicação. Só posso pensar num fato: cada um de nós tem um destino escrito em algum lugar. Em Auschwitz, eu queria ser invisível, fazia tudo para isso. E talvez tenha realmente conseguido."

Liliana nunca voltou a Auschwitz, ao contrário de muitos sobreviventes que acompanham grupos de jovens aos lugares do extermínio. Ela não; nem tem intenção de lá voltar.

No dia 27 de janeiro de 2015, a libertação de Auschwitz completou setenta anos e, com ela, o encerramento da fábrica da morte.

Setenta anos. Quando se fala de ocorrências, os números redondos soam como se fossem mais importantes, gravam-se facilmente na atenção de todos, mesmo daqueles que conhecem o assunto pela raiz. O número redondo ecoa com maior plenitude e, talvez precisamente por isso, tenda a escorregar na retórica, nas palavras vazias e de circunstância, na celebração que nasce e morre nas vinte e quatro horas de um dia de aniversário. Mas há alguns poucos casos – e a *Shoah* é um deles – em que se permite a retórica. Como uma espécie de filtro, de véu protetor, para que a crueza e a crueldade dos fatos não nos entonteçam com a sua violência.

"Talvez seja indispensável certa dose de retórica para que a recordação perdure", escrevia Primo Levi no seu livro *Os afogados e os sobreviventes*.[5] Mas por que é importante que a recordação perdure, num mundo que hoje experimenta outra morte, outros horrores, outros

---

[5] Rio de Janeiro, Paz e Terra, 2004. (Do original *I sommersi e i salvati*.)

focos incontroláveis de ódio? Muitos já responderam sobre a importância da memória. Citaremos um deles, o sociólogo polaco Zygmunt Bauman,[6] quando defende que a *Shoah* não foi uma aberração da civilização, um "fato incomodamente atípico e sociologicamente irrelevante". A *Shoah*, afirma Bauman, pode simplesmente "ter revelado um rosto diferente daquela mesma sociedade moderna da qual admiramos outros aspectos bem mais familiares; e estas duas faces aderem em perfeita harmonia ao mesmo corpo".

Seria como dizer: não releguemos esse evento para as categorias do insensato e do monstruoso, porque, se pensarmos seriamente, nada nos dará a certeza de que não poderá repetir-se.

Os monstros de Hitler eram "monstros medíocres", como escreveu Alberto Morávia sobre Rudolf Höss, comandante em Auschwitz de 1941 a 1943.[7] Ordinários e obtusamente zelosos como os perfeitos italianos que entregavam aos nazistas informações sobre os judeus residentes no seu território. Cinzentos e burocratas como

---

[6] BAUMAN, Z. *Modernity and the Holocaust* (Oxford, Basil Blackwell, 1989), traduzido para o português em 1998 (*Modernidade e Holocausto*, Rio de Janeiro, Zahar).

[7] *Il mostro mediocre*, de Alberto Morávia, é o título de um artigo publicado no *Corriere della Sera*, a 15 de julho de 1960, mais tarde inserido nos apêndices da edição italiana da autobiografia de Rudolf Höss, *Comandante ad Auschwitz*, Turim, Einaudi, 1997.

os dirigentes das estradas de ferro que nunca se interrogavam como, na Europa em guerra, aqueles transportes especiais humanos tinham prioridade sobre tudo, mesmo sobre os comboios militares.

As testemunhas diretas da *Shoah* foram, muitas vezes, criticadas, como se o relato do pormenor incomodasse a visão global do acontecimento. Como se as recordações individuais sofressem de demasiadas contaminações póstumas, de tropeções da memória, de sugestões inimigas de uma autêntica compreensão.

É verdade: a propósito de um documentário sobre os campos de extermínio ou da conferência de um historiador, o relato da testemunha impressiona mais a emotividade do que a razão de quem escuta, deslocando o centro de atenção do conhecimento de uma longa cadeia de montagem do horror para uma única figura esquelética e atônita no meio do nada.

Mas, para muitos – e, talvez, sobretudo para os jovens, tão distantes do passado –, esse movimento de sentimentos pode revelar-se a única porta de entrada num mundo que recusa a lógica, desenhado com uma geometria exclusivamente sua, inacessível a quem não o viveu. Aquela figura única de menina judia deportada sem razão, amarfanhada na sua humanidade e atirada para o lixo, tem algo em comum conosco: encontrar pontos de convergência com a imensidão daquele mundo sinistro é muito, muito difícil.

Ainda em *Os afogados e os sobreviventes*, Primo Levi sustentava que "uma única Anna Frank desperta mais comoção do que as miríades que sofreram como ela, mas cuja imagem permaneceu na sombra. Talvez seja necessário que assim aconteça: se devêssemos e pudéssemos sofrer os sofrimentos de todos, nem sequer conseguiríamos viver. Talvez só aos santos seja concedido o dom de ter piedade de muitos".

Liliana Segre não procura piedade, embora a buscasse no seu regresso de Auschwitz, quando ninguém era capaz de lha conceder. Agora, passados já quinze anos a desdobrar aquela tragédia em público, simplesmente busca olhos e ouvidos de rapazes e garotas, e de professores que sejam capazes de perceber, por entre as sobras das suas frases, uma mensagem de tolerância e de paz que valha em todos os tempos e em todos os lugares.

Não é fácil falar aos jovens.

Primo Levi já o notara nos anos 1970. Eles são bombardeados com informações, convivem com a violência que a televisão emite com a mesma banalidade com que lhes fala de espetáculos, divertimentos e assuntos fúteis. Mas Liliana Segre sabe contar uma história muito bem, e as numerosas cartas que recebe continuamente dos jovens mostram quanto a sua narrativa os impressiona. E, no entanto, no longo testemunho dado nas escolas que a convidam – é capaz de falar durante uma hora e meia e, em geral, o silêncio atento que envolve a sala parece uma espécie de magia –, não para em pormenores doentios nem em assuntos sensacionalistas. A profunda essencialidade das suas palavras é suficiente para delinear a vivência de uma menina qualquer que, por mero acaso, escapou a um plano de extermínio quase perfeito e se tornou, apesar de tudo, uma mulher de paz.

As páginas seguintes brotam da escuta das suas conferências e de uma série de conversas privadas diante de uma travessa de doces e de dois copos de suco de laranja, buscando na doçura das coisas um conforto para conseguir reevocar percursos de dor. As palavras com que Liliana Segre tece a sua cansativa viagem ao passado foram conservadas na sua sobriedade tão direta. Será uma narrativa na primeira pessoa, voluntariamente linear, através da deportação, do difícil regresso à vida e das razões mais íntimas que a levaram a tornar-se testemunha pública.

Como suas conferências, assim também este livro não tem nenhuma pretensão histórica, crítica ou literária. Quer ser uma pequena porta de acesso – e, como tal, com uma perspectiva única e parcial – a um evento histórico demasiado grande e inesgotável. Mas, sobretudo, um instrumento para os estudantes e professores que ainda não ouviram Liliana Segre ou para quem a conheceu e deseja revê-la, talvez para reevocar alguma pequena-grande emoção.

Porque, como sugeriu Moni Ovadia a uma plateia de jovens, quando apresentava o testemunho que Liliana Segre levou a Rimini, Itália, em fevereiro de 2004, "qualquer ser humano que visse o que aconteceu acabaria com a própria vida. O relato de Liliana permite-nos aceder a essa experiência com a sua mediação extraordinária. A memória não é só uma acumulação de dados, porque temos emoções, sentimentos e instintos. Os nossos processos de conhecimento não são apenas racionais. A memória não é um objeto, é algo palpitante. E agora ouçam este testemunho, é para vocês. Talvez não percebam tudo o que ela vai dizer, mas com toda certeza permanecerá agindo em vocês".

I
MENINA EM AUSCHWITZ

"Só desejo chamar a atenção dos espectadores que se acotovelavam nos lados da estrada, quando nos expulsavam das nossas casas e nos carregavam em carros de animais."

Peter Weiss[1]

"Artigo 2. Nas escolas de qualquer ordem e grau, a cujos estudos seja reconhecido efeito legal, não poderão ser inscritos alunos de raça judaica."

Itália de Mussolini, 14 de setembro de 1938: *La Gazzetta Ufficiale* publica um decreto régio emanado oito dias antes, "Provvedimenti per la difesa della razza nella scuola fascista" [Disposições para a defesa da raça na escola fascista].

É a primeira de uma série de leis que espoliam os judeus italianos de todos os direitos civis e políticos: é--lhes proibido estudar, ensinar, casar-se com pessoas

---

[1] WEISS, Peter. *L'intruttoria*. Turim, Einaudi, 1967.

de raça ariana, possuir imóveis e empresas ou estabelecimentos além de certo valor econômico, trabalhar na administração pública, nos bancos e nas seguradoras, e prestar serviço militar.

Na Itália, um em cada mil cidadãos é judeu: cerca de quarenta mil pessoas. Muitas delas radicadas na Itália há séculos e há várias gerações; alguns são veteranos da Primeira Guerra Mundial e apoiadores convictos do Partido Fascista. Essa exígua minoria sofre uma metamorfose instantânea: torna-se "raça inferior", peso social relegado às margens.

O sistema de normas antijudaicas decretadas na Itália revela-se mais bem organizado e persecutório do que o da Alemanha hitleriana.[2] É falso – embora ainda alguns acreditem nisso – que tal racismo tenha sido um "de opereta": adulterado, brando, repleto de justificações acrobáticas conceituadas e fundamentações pseudocientíficas (a teoria da eugenia, por exemplo, baseada no mito da raça itálica ariana pura), mas, enfim, inócuo.

Com o panorama ao fundo dos comboios que, de outubro de 1943 a fevereiro de 1945, deportam para vários campos de extermínio nazistas mais de sete mil

---

[2] Afirma-o o historiador Michele Sarfatti, no ensaio Gli ebrei negli anni del fascismo: vicende, identità, persecuzione (in: Storia d'Italia. Gli ebrei in Italia, dois volumes, direção de Corrado Vivanti, Turim, Einaudi, 1997).

judeus italianos – 5.969 mortos, 837 sobreviventes e milhares de desaparecidos[3] –, este juízo ressalta na luz macabra e falsa.

Mas, em 1938, ninguém imagina que as leis a favor da diferença da raça sejam apenas o prelúdio de uma ruína de tão vasto e profundo alcance. O que poderá perceber dessa engrenagem sinistra, que começa a mo-vimentar-se, uma menina judia de família burguesa, que nunca tinha frequentado a sinagoga?

Em 1938, Liliana Segre tem oito anos. Com os olhos ingênuos e desorientados da sua idade, observa a vida cotidiana que passa lentamente, até precipitar-se de repente no abismo negro de um vagão de mercadorias que parte da estação central de Milão.

Este livro, daqui em diante, é a viagem aos recôn-ditos da memória daqueles anos, através da Itália an-tissemita, da tentativa de fuga para o estrangeiro, da prisão, da deportação, dos doze meses em Auschwitz e, finalmente, da *marcha da morte*: o penoso rastejar-se de fantasmas pelas estradas da Alemanha, os poucos

---

[3] Todos os dados e as informações sobre os judeus italianos vítimas da *Shoah* são tirados do *Libro della memoria*, de Liliana Picciotto Fargion, Milão, Mursia, 2002. Dos 6.806 depor-tados contados, 6.007 destinaram-se a Auschwitz e só se salvaram 363. Aos mortos nos campos nazistas, deve acrescentar-se os 322 judeus presos e mortos na Itália: na verdade, 42 deles suicidaram-se ou morreram devido a privações.

sobreviventes do plano de extermínio que os nazistas tentam esconder ao mundo, arrastando-os a pé durante quilômetros de uns campos para os outros. É o último, o extremo recanto sinistro do inferno de onde pouquíssimos voltaram para testemunhar.

É com estas palavras que Liliana Segre conta a sua história de menina comum, engolida por um acontecimento como a Shoah.

* * *

Por culpa de ter nascido

Eu era uma menina milanesa como muitas outras, de família judia laica e agnóstica; por isso, não tinha recebido nenhum ensino religioso em casa. Em setembro de 1938 terminara a escola elementar e vivia uma vida tranquila e feliz no meu microcosmo familiar. Morava em Milão, no número 55 da Avenida Magenta, com meu pai e meus avós Olga e Pippo: afetuosíssimos e muito amados. A minha mãe falecera quando eu ainda não tinha um ano e meu pai – que, em 1938, tinha trinta e nove anos – voltou a viver na casa dos pais dele.

Eu nunca ouvira falar de judaísmo até quando, numa noite no final do verão, os meus familiares me disseram que eu não podia voltar para a escola. Recordo-me de que estávamos à mesa. Lembro-me dos seus rostos simultaneamente ansiosos e afetuosos: fixavam-me nos olhos, enquanto me comunicavam esta notícia que me parecia incrível. Eu frequentava uma escola pública, era uma discreta aluna, não via motivos para ser expulsa. "Por quê? O que fiz de mal?", perguntei e, entretanto, sentia-me culpada, culpada de uma culpa que eu desconhecia.

Só com o passar dos anos compreendi que a culpa era por ter nascido judia: culpa inexistente, paradoxo artificial, mas então espantosamente real.

O meu pai esforçou-se por me explicar que as novas leis raciais obrigavam à expulsão de todos os estudantes judeus da escola elementar até a universidade; e também os professores, os empregados dos serviços públicos, os magistrados, os oficiais. E até os profissionais liberais, advogados e médicos só podiam exercer sua profissão exclusivamente com clientes judeus. Para mim, era demasiado difícil compreender um evento do gênero. "Mas por quê?", foi só o que eu disse.

E, entretanto, tornara-me alguém diferente, juntamente com aquela minoria de italianos de religião judaica transformados repentinamente em cidadãos "da série B", separados da sociedade civil e excluídos da realidade de todos os dias. Era como se, diante dos meus pés, se abrisse um precipício que, nos anos seguintes, haveria de alargar-se num abismo profundíssimo e perigoso, até esconder definitivamente de mim qualquer espécie de luz.

De repente, eu já não era a de segundos antes. Para mim, uma das humilhações mais aviltantes era ouvir as conversas dos meus familiares, aquelas poucas palavras que então se dirigiam às crianças: enumeravam-se os amigos que ainda os saudavam na rua, contavam-se as raras manifestações de solidariedade recebidas. Repentinamente, fôramos atirados para a *zona cinzenta* da indiferença: uma névoa, uma teia, que, primeiro, nos envolve com leveza mas, depois, acaba por nos paralisar no seu enleio invencível. Uma indiferença que é mais violenta do que qualquer violência, porque misteriosa, ambígua, nunca declarada: um inimigo que nos culpa sem nunca conseguirmos percebê-lo distintamente.

Os adolescentes à minha volta que encontro nas escolas querem saber quantos judeus havia na Itália naquela época e, muitas vezes, eu devolvo-lhes a pergunta: "E vocês, quantos pensam que havia?". Ninguém faz ideia. Éramos uma minoria absoluta; cerca de quarenta mil pessoas, mais ou menos tantas quantas há hoje. Iniciava-se uma perseguição contra uma magra fatia de população que, havia séculos, estava inserida no contexto italiano. Até existiam hebreus fascistas e a comunidade de Roma vivia ali já antes de Cristo. Era uma violação profunda contra os cidadãos italianos que tinham combatido pelo país na Primeira Guerra Mundial, como meu pai e meu tio, e que sem razão eram postos à parte e apontados.

Uma das minhas recordações mais nítidas é precisamente a de ser apontada. Para ir à minha nova escola particular, a única que me era permitido frequentar, tinha de passar em frente da minha antiga escola pública. E via minhas ex-colegas da primeira e da segunda série, meninas com as quais eu tinha jogado, rido e brincado, que do outro lado da rua me indicavam às outras: "Aquela lá é a Segre. Já não pode vir à escola conosco porque é judia". Risadinhas maliciosas, frases de meninas daquela idade que, na realidade, não conheciam o significado do que diziam tal como eu o ignorava.

Dia após dia, comecei a compreender, e o meu tormento cotidiano passou a ser tentar camuflar-me na minha nova escola, a não falar, eu que tinha sido tão aberta, tão cordial, tão alegre. Ficava calada para nunca deixar escapar nada da boca, para não contar o que acontecia na minha casa pequeno-burguesa, uma casa tranquila, uma casa serena como tantas outras. Era uma sensação que eu nunca tinha experimentado. E era uma realidade que eu devia aceitar: nunca mais poderia ir à escola na Rua Ruffini porque era judia, eu que em casa nunca tinha ouvido falar de judaísmo. Essa falta de identidade que os meus familiares me tinham transmitido revelou-se como uma grave ausência: se eu tivesse tido consciência da minha pertença judaica, talvez tivesse suportado determinados eventos, então e depois, com um espírito diferente, com mais consciência. Mas eu só notava a crueza e a tristeza de palavras que aos oito anos não se conhecem: "É diferente... aquela é judia". Comecei a calar-me, e o silêncio representou uma constante na minha vida até há poucos anos, até quando decidi tornar-me uma testemunha da *Shoah*.

A polícia ia constantemente a nossa casa. Entrava, via os documentos, verificava se o rádio estava sintonizado na única estação italiana e se continuávamos a ter empregada doméstica: a nossa fidelíssima Susanna, a empregada católica que vivia conosco havia mais de quarenta anos. Não permitiam que a tivéssemos. A minha família de burgueses, pequeníssima, extremamente patriota, era tratada como inimiga da pátria.

A polícia controlava, e lembro-me de que tocavam violentamente a campainha e eu ia com minha avó abrir a porta, e ela, com a sua graça de velha senhora do século XIX, fazia-os sentar-se na sala de espera. Aqueles homens pareciam-me enormes, entravam em casa com ar prepotente e carrancudo, e ficavam desarmados com a doçura da avó que os tratava como se fossem hóspedes respeitáveis.

Eu estava proibida de ficar com eles na sala, mas, durante alguns minutos, permanecia do lado de fora da porta para ouvir o que aqueles homens vinham dizer em minha casa. Tinha medo. Saía de lá, ia para o meu quarto, mas já não conseguia brincar: a minha cabeça estava com eles na sala.

Nunca contava essas coisas às minhas novas companheiras de escola: eu queria ser igual aos outros e fazia tudo para não me distinguir. O meu pai ia buscar-me e eu podia ler nos seus olhos, que eu tanto amava, que nova tristeza, que nova humilhação lhe havia sido infligida.

Foram anos diferentes, de isolamento familiar profundo, mas durante os quais os afetos se tornaram cada vez mais sólidos: a nossa solidão unia-nos fortemente numa nova intimidade: em casa eu sentia um calor extraordinário. E, na família, tudo gravitava em torno de mim, a menina que era o centro de alegria e contentamento, apesar de tudo o que acontecia lá fora, porque eu corria pela casa, cantava cantigas da época e fazia-me de tola. Um pouco porque me agradava e também porque sentia que devia fazê-lo para arrancar dos outros sua tristeza insanável.

Foram as últimas vezes que brinquei: a minha infância acabou ali. Assumi uma responsabilidade: desejava alegrar os meus familiares, compartilhar a sua bagagem de pensamentos tão pesados. Vivíamos mergulhados na *zona cinzenta* da indiferença. E eu sofria com a indiferença. Via com frequência alguns virarem a cara para o outro lado. Ainda hoje há pessoas que preferem não olhar, que não param na autoestrada quando há um ferido, que não querem ver uma realidade de pobreza para não ficarem impressionadas e feridas na sua sensibilidade: é melhor não olhar. Era assim que então acontecia. Poucos se manifestavam ostensivamente antissemitas. Não: a maior parte voltava simplesmente o rosto para o outro lado.

O telefone já não tocava, só de vez em quando chegava uma chamada anônima. As meninas com quem eu tinha partilhado festas de Carnaval e de aniversário já não me convidavam. Não eram mal-educadas comigo, simplesmente não me notavam. Depois, naturalmente, também há as pessoas que vão emergindo da *zona cinzenta*: são os amigos – Amigos com A maiúsculo –, que estão a nosso lado nos momentos difíceis, não nos abandonam, mesmo com sacrifício e risco de vida. Mas os que estavam do nosso lado eram muito poucos, pouquíssimos. Desafiavam perigos que, ano após ano, se foram tornando gravíssimos.

Amigos inesquecíveis...

Estourou a guerra. Começou-se a fugir das grandes cidades atingidas pelos bombardeios. Era outubro de 1942, e eu tinha doze anos. Refugiamo-nos em Inverigo, uma aldeiazinha da Brianza, onde não existia escola particular, e eu deixei de estudar. Aos doze anos.

Passava os dias em casa e o meu maior amor era o meu avô Pippo: ele havia garantido o bem-estar da sua família e já não estava em condições de fazer nada sozinho. Doente terminal da doença de Parkinson, todo o seu corpo tremia e não era autossuficiente, apesar de ter um cérebro ainda inteligente. Eu falava com ele o dia todo, cortava-lhe as unhas, dava-lhe de comer. Ele era como uma criança grande, que eu amava muitíssimo. Procurava viver para ele, fazia palhaçadas e era alegre, pois queria alegrá-lo.

Ouvia a Rádio Londres na casa dos vizinhos que, por não serem judeus, tinham a possibilidade de

35

procurar outras estações, sem ser obrigados a sintonizar uma só. Eu ia sempre à casa desses senhores muito bons e tornara-me especialista das notícias de guerra filtradas pelo famoso coronel Harold Stevens, um inglês que, em perfeito italiano, dava informações cifradas, como mensagens secretas enviadas aos partidários e aos espiões. Tudo isso me intrigava muito, embora eu não compreendesse nada.

A Alemanha vencia em todas as frentes e a nossa preocupação crescia. Chegavam-nos notícias confusas sobre a crueldade dos nazistas nos países ocupados e sobre tudo o que podia acontecer aos judeus da Europa. Informações transmitidas confusamente, boca a boca, referidas por algum judeu estrangeiro que se tinha refugiado na Itália, convencido de que estaria seguro e assim poderia seguir em breve para a América.

Por nossa casa passavam conhecidos e parentes que vinham de longe e procuravam convencer-nos: "Partam!". Mas os meus familiares eram de tal modo italianos havia muitas gerações, e tão incrédulos de que também na Itália ocorressem acontecimentos graves, que pensavam convictamente ser melhor ficar tranquilos na sua casa. E também o fato de eu ser pequena e de vovô estar muito doente impedia-nos de partir. Era uma situação completamente equivocada, ingênua, mas

SOBREVIVEU A AUSCHWITZ

a única possível a pessoas pacatas como nós: modestas, amedrontadas com a ideia de nos expatriar, porque não tínhamos meios e não conhecíamos línguas.

Depois de 8 de setembro de 1943, quando os alemães se tornaram donos do Norte da Itália e nasceu a República de Salò, às leis raciais fascistas, já severas e humilhantes, sobrepuseram-se às de Nuremberg. E ouvimos pela primeira vez aquela expressão: *solução final*. Mas ainda não entendíamos o seu verdadeiro significado.

Começou uma caça ao homem, à criança, ao velho doente, mas, de algum modo, culpado por ter nascido judeu. Apesar de a tragédia já ter sido anunciada, ninguém queria acreditar. Os mais inteligentes, mais ricos e que sabiam línguas fugiram antes. Mas, naquele momento, as fronteiras estavam fechadas, já não havia nada a fazer. Minha família não acreditava que a Itália se alinharia de tal modo com a Alemanha nazista que nos pusesse em perigo de vida. Era pequeno-burguesa, nunca tivera essa visão larga, nunca tivera a possibilidade nem a mentalidade para se tornarem exilados. Eram italianos e queriam ficar na Itália.

Na caça ao homem, casa a casa, as SS e os *repubblichini** foram ajudados por questores e prefeitos italianos

---

* Eram chamados assim os partidários da República Social Italiana, instaurada no Norte da Itália durante a ocupação nazista de dezembro de 1943 a abril de 1945. (N.T.)

que, havia algum tempo, tinham feito um recenseamento da população de religião judaica e, portanto, conheciam com precisão os nomes e as moradias, passando-os depois aos alemães e aos seus subordinados *repubblichini*. Era fácil desentocar os judeus que não se tinham coligado e, mesmo que o tivessem feito, não teriam armas nem capacidade para fugir ou, ainda menos, opor-se a um poder tão grande como o nazista.

Os jovens perguntam-me frequentemente: "Mas por que vocês não se opuseram?". E eu respondo-lhes que eles só tinham visto os nazistas nos filmes: naquele período, os exércitos de Hitler haviam posto de joelhos os exércitos de toda a Europa, derrubando linhas fortificadas e conquistando-as. Eram vencedores por toda parte, ninguém conseguia detê-los: o que poderia fazer um punhado de burgueses cheios de medo e desorganizados?

A fuga dos sonhos

O meu pai decidiu que eu sairia de casa. Arranjou duas carteiras de identidade falsas, para ele e para mim, e insistiu comigo para que eu aprendesse depressa a minha nova genealogia. Eu recusava-me a isso. A minha cabeça opunha-se, até que ele me obrigou. Lembro-me

SOBREVIVEU A AUSCHWITZ

de que um certo senhor Pozzi veio buscar-me em Inverigo com sua motocicleta, para levar-me para Ballabio, em Valsassina, e depois fui para Castellanza, no Varesotto, para casa dos Civelli. Amigos heroicos – amigos com A maiúsculo –, alheios à *zona cinzenta*. Pessoas simples que transformam com naturalidade a sua vida numa obra-prima, embora nem disso se apercebam.

As leis de Nuremberg previam o fuzilamento imediato de quem escondesse um judeu. Contudo, estas duas famílias ocuparam-se de mim, mantiveram escondida uma garotinha judia com documentos falsos.

Eu chorava, não queria sair de casa. Mas não sabia que nunca mais voltaria a ver a minha casa nem meus avós. Eu já estava morta de saudade, embora as famílias que me esconderam fossem muito boas, me tratassem como uma filha, e o meu pai fizesse viagens de trole, comboio e carro para ir me ver, arriscando a vida. Sempre que ele chegava a Castellanza, à casa da família Civelli, eu pedia-lhe: "Fujamos para a Suíça!". Mas ele explicava-me que nunca poderia abandonar os seus pais velhos e doentes.

Um dia, disse-me que tinha conseguido organizar tudo. Pagando uma soma altíssima, que não sei onde teria encontrado, obteve do comando da polícia de Como uma licença especial para os meus avós. Só vi aquele documento depois da guerra, entre os papéis antigos que apareceram por acaso: dizia que Olga e Giuseppe Segre, velhos e doentes, não podiam prejudicar o grande Reich alemão e, por isso, era-lhes concedido que ficassem em Inverigo, sob a custódia dos donos da casa, que eram arianos, pessoas muito boas.

Acreditamos naquela licença. Queríamos acreditar. Mas eram apenas papéis... No mês de maio seguinte – quando eu e meu pai estávamos presos havia algum tempo e, talvez, ele já estivesse morto... –, também os meus avós foram presos na sua casa e enviados, primeiro, para o campo de Fossoli,[4] próximo de Módena, depois para a cadeia milanesa de San Vittore e, por fim, deportados para Auschwitz, onde, ao chegar, foram mortos com gás e queimados no crematório, por culpa de terem nascido.

---

[4] Fossoli está a cerca de seis quilômetros de Carpi. Durante 1944 foi o campo policial e de trânsito (*Polizei-und Durchgangslager*) utilizado pelas SS como antecâmara dos campos de extermínio alemães.

Por Fossoli passaram cerca de cinco mil prisioneiros, metade dos quais judeus (entre eles também esteve Primo Levi), destinados aos campos de Auschwitz, Dachau, Buchenwald e Flossenburg. Um terço dos deportados judeus italianos passou por Fossoli. A estrutura fora construída pelos alemães em 1942 como campo de prisioneiros de guerra ingleses. Depois de 8 de setembro de 1943, foi ocupada pelos nazistas, em vista de sua posição estratégica sobre as linhas ferroviárias para o Norte, que fizeram dela um centro de reunião provincial para os judeus. Nos sete meses de atividade do campo, da estação de Carpi partiram oito comboios, cinco dos quais destinados a Auschwitz. No dia 2 de agosto de 1944, o campo foi abandonado por razões de segurança e transferido para Bolzano-Gries (notícias extraídas do site da fundação Fossoli, www.fondazionefossoli.org).

Contudo, àquela altura, acreditamos naquele documento do comando da polícia de Como. Queríamos acreditar.

Num dia de dezembro de 1943, o meu pai foi buscar-me em Castellanza: "Vamos para a Suíça". Estava esgotado, enfraquecido pelos cinco anos de perseguição, e já não tinha capacidade para estudar um plano de fuga. Não estávamos adaptados à clandestinidade, à aventura de uma passagem através das montanhas. Foram os nossos amigos que organizaram a partida: puseram-nos em contato com contrabandistas que, a troco de quantias altíssimas, aceitavam transportar para além das fronteiras grupos de antifascistas, judeus e desertores. Passamos pela zona de Viggiù, acima de Varese. Lembro-me, ainda menina, com meus treze anos, de ir de mão dada com meu pai, correndo ao lado dele nas montanhas em direção à Suíça, com as nossas roupas de cidade – nós que nunca tínhamos estado na montanha –, arrastando uma mala com as poucas coisas que tínhamos podido levar da nossa casa.

Parecia-me estar vivendo uma aventura maravilhosa que haveria de ter como termo feliz a liberdade. Com a força do desespero, passamos aquela montanha incitados pelos contrabandistas: "Caminhem, caminhem!". Era preciso andar depressa, pois a ronda ia passar e as sentinelas não hesitariam em disparar. E naquela aventura especial eu era a heroína, uma garotinha que corria pela montanha de inverno, e a mão do meu pai representava tudo para mim.

Era o dia 7 de dezembro de 1943. Conseguimos atravessar o buraco na grade da fronteira, onde só passavam os clandestinos, os animais e os contrabandistas, e encontramo-nos na terra de ninguém que divide os Estados e, depois, num pequeno bosque.

Estávamos em solo suíço, tínhamos conseguido! Éramos tão desajeitados, tão pouco treinados, tão ingênuos em relação a tudo aquilo! Rasgamos em pedacinhos os documentos falsos; os verdadeiros serviriam para nos apresentarmos às autoridades locais como judeus fugitivos. Abraçamo-nos com força: eu, meu pai e dois velhos primos que se tinham unido a nós no último momento, Giulio e Rino Ravenna. Felizes e incrédulos por termos conseguido: era um momento especial, de puro contentamento. Mas era uma fuga de pessoas desajeitadas, grotescas e infelizes. Não devia ser assim.

Os guardas suíços, mudos, encontraram-nos no primeiro bosquezinho depois da clareira, depois da terra de ninguém, e levaram-nos ao comando de polícia de Arzo, a primeira povoação do cantão Ticino.

Atravessamos aquelas ruas de manhã muito cedo e estávamos todos espantados, embora não o disséssemos, de as mulheres daquela terra não mostrarem surpresa ao ver aquelas quatro figuras com aspecto citadino e aterrorizado passar ao seu lado: voltavam-se para o outro lado. Provavelmente já sabiam qual seria o nosso destino, semelhante ao de outros que antes de nós tinham abraçado a mesma ilusão estúpida.

De fato, no comando de polícia, depois de uma longa espera – sem nos dizerem uma palavra, sem nos darem um copo de água nem um pedaço de pão –, o oficial de serviço condenou-nos à morte. Tratou-nos com um desprezo extremo, disse que éramos impostores, que a Suíça era pequena e não havia lugar para nós. Mandou-nos para trás.

Mas que fazia aquele homem? Eu não queria acreditar. Lembro-me de que meu pai lhe disse: "Tenho amigos aqui, posso trabalhar para manter-me e a minha filha". Mas ele não ouvia nada, a não ser um grande aborrecimento. Não via a hora de nos mandar embora. Estendi-me no chão, abracei as pernas dele, supliquei-lhe de joelhos. E lembro-me bem do seu desprezo ao repelir-me. "Por piedade, deixe-nos ficar aqui." Eu chorava como uma louca. Mas não havia nada que se pudesse fazer.

Mandou-nos para trás, para a montanha, mais ou menos para o ponto por onde tínhamos descido. Era a tarde de um dia interminável de dezembro, começado logo pela aurora cheio de ansiedade e terminado em desespero. Acompanhavam-nos as sentinelas armadas, rindo de nós com a espingarda apontada.

Procuramos passar de novo pela grade, mas, logo que a toquei, o alarme ressoou por toda a montanha. Chuviscava e estava frio. Quando aquela barulheira inesquecível quebrou o silêncio de inverno da montanha, chegaram os guardas-fiscais italianos e nos prenderam.

Há uma escritora suíça, Renata Broggini, que publicou dois livros sobre as pessoas que, naquele período, se salvaram para além das fronteiras: *La frontiera della speranza*[5] e *Terra d'asilo*.[6] Há alguns anos entrevistou-me para inserir as minhas recordações na introdução ao seu texto. Também conseguiu que eu fosse entrevistada na televisão suíça e, passados quase sessenta anos, eu estava muito contente por poder contar todos aqueles pormenores que tinham ficado gravados na minha memória, porque tinha sido um dia realmente inesquecível.

---

[5] *La frontiera della speranza. Gli ebrei dall'Italia verso la Svizzera 1943-1945*. Milão, Mondadori, 1998.

[6] *Terra d'asilo. I refugiati italiani in Svizzera 1943-1945*. Bolonha, Fondazione Bsi/Il Mulino, 1993.

Contei como tinha sido tratada por aquele oficial que condenara à morte quatro pessoas: eu só não morri por acaso. Nunca procurei descobrir o nome desse comandante, não me interessava... Depois daquela transmissão, fui inundada por telefonemas, flores e cartas da Suíça.

Entretanto, aquele dia de dezembro realmente acontecera e nós estávamos prisioneiros na fronteira, entregues pelo comando italiano de fronteira às SS.

Os últimos homens

Aos treze anos entrei sozinha na cadeia feminina de Varese, separada do meu pai. Atravessar o portão de uma cadeia é uma experiência que nos aniquila, e ainda mais quando desconhecemos a nossa culpa. Fotografia, impressões digitais. Estava sozinha, sem saber o que me iria acontecer. Era acompanhada por uma guarda prisional sem piedade que, pouco se importando que eu fosse uma menina, me atirou para dentro de uma cela. A passagem da liberdade para a prisão foi outro momento que não mais esquecerei: pode passar uma vida inteira, mas nunca mais nos sai da cabeça como nos sentimos, encostados àquela porta recém-trancada, interrogando-nos sobre o porquê do que estava acontecendo.

Chorava: eu era ainda uma criança.

Treze anos é uma idade tão especial, de imensa sensibilidade: tudo nos fere, tudo nos impressiona, tudo nos provoca, tudo nos estimula, tudo nos esgota... Penso que, a partir deste ponto do meu relato, serei compreendida sobretudo pelas mulheres e pelas garotas, porque a prisão feminina é diferente da dos homens. Não quero dizer que seja pior, mas que só as mulheres podem compreendê-la.

Naquela grande cela estavam encerradas cerca de vinte mulheres judias de todas as idades, mesmo algumas idosas, presas como eu junto da fronteira naqueles dias. Havia uma garota muito meiga, Violetta – chamava-se assim porque tinha os olhos cor de violeta. Estava ali com a mãe. Tinha dezenove anos. "Vem aqui para junto de nós", convidou-me, e abraçaram-me longamente para que não me sentisse sozinha.

E cada uma de nós se pergunta: "Mas que irão fazer de nós? Por que estamos aqui?". Não tínhamos nenhum contato com o exterior. A cela tinha grades lá no alto e todas as noites passava um guarda com um longo bastão batendo nas barras para ver se tínhamos serrado alguma. E quase dava vontade de rir: nós, impotentes, mulheres burguesas, incapazes, serrar as barras...

Estive cinco ou seis dias na cadeia de Varese. Depois, levaram-me para a de Como. Ainda continuava só e não sabia onde estava meu pai. Depois, por um daqueles mistérios da loucura nazista – na verdade, não quero dizer que era uma loucura, porque, de modo nenhum, o foi –, transferiram-nos todos para Milão para a cadeia de San Vittore, enorme, no centro da cidade.

Eu tinha passado muitas vezes diante daquele lugar, pois andava de bicicleta por ali. Ainda hoje há um jardinzinho junto dos muros da cadeia e uma cerca elétrica. Tenho de confessar que sempre vira aquele edifício do lado de fora, sem nunca pensar nas pessoas que estavam lá presas. Era então uma menina que andava de bicicleta pelos jardins e não me importava nada com uma prisão, que não fazia parte da minha vida. Nem podia imaginar que, um dia, haveria de olhar para aqueles jardins a partir de dentro, através das grades.

O mais incrível em San Vittore era o fato de homens e mulheres estarem juntos. O quinto andar fora destinado aos judeus apanhados em todo o Norte da Itália.

Fiquei lá quarenta dias. Quarenta dias importantíssimos, especiais, durante os quais partilhei aquele cela, pequena e sem nada, com o meu pai. Foi o último período que passamos juntos e é difícil relembrar aqueles dias sem morrer por dentro, sem me comover, embora hoje seja uma mulher idosa... Eu era filha única. O meu pai tinha ficado viúvo muito jovem: entre nós havia sido criada uma ligação excepcional. Ainda hoje sinto isso como uma das ligações mais fortes da minha vida, assim como as que tenho com os meus três filhos e com o meu marido.

Aquilo que eu e meu pai nos demos mutuamente naquele breve espaço de tempo vivido juntos bastou-me, ficou-me para toda a vida, e a sua recordação conseguiu até salvar-me de uma infinidade de situações de autêntico desespero.

Estávamos os dois naquela cela. Vivi momentos de felicidade na cadeia de San Vittore porque estava com ele.

A Gestapo convocava continuamente os homens judeus para sujeitá-los a interrogatórios impiedosos: batiam neles e os torturavam para saber sobre nosso dinheiro e para descobrir onde nossos amigos e parentes tinham-se escondido.

Sabiam tudo acerca de nós, dispunham de listas pormenorizadas que já tinham servido para as detenções e para as buscas de casa em casa por toda a Itália. Listas que comandantes da polícia e prefeitos italianos tinham entregado aos alemães, com um zelo tristemente vergonhoso. Conheciam as nossas moradias, a composição de cada agregado familiar, a categoria social e as condições econômicas. Quando levavam meu pai para interrogá-lo, eu ficava sozinha naquela cela. Tinha treze anos e envelhecia, minuto a minuto, enquanto lia nas paredes os escritos deixados por quem já tinha passado por lá antes de nós: palavrões, maldições, adeus, bênçãos e assinaturas.

Faziam-me companhia.

Como é preciso amadurecer de repente com os acasos da vida, através de uma solidão absoluta em que nada nem ninguém, exceto nós próprios, nos pode ajudar! Eu esperava durante horas e – digo sempre aos jovens –, quando ele voltava, abraçávamo-nos em silêncio e eu era tudo para ele. Não era apenas sua filha: era sua mãe e sua irmã.

Hoje tenho três filhos e estou muito feliz: o mais velho chama-se Alberto, como meu pai. Já tem mais de cinquenta anos, é mais velho do que, então, o meu pai, com pouco mais de quarenta. Por vezes, nestes últimos anos, acontece-me uma coisa estranha: quando me recordo do meu pai, eu sou verdadeiramente a sua mãe e ele um filho triste e infeliz que tenho de apertar contra o coração e consolar. E é meu filho Alberto que, ao contrário, me acaricia, me aperta e me protege. É um entrecruzar-se de figuras e de afetos difícil de explicar, tão doce é a recordação do outro Alberto...

O meu pai voltava do interrogatório, abraçávamo--nos e eu percebia confusamente que não devíamos falar, porque cada palavra era uma pedra. Éramos dois infelizes que se apertavam contra o coração um do outro, numa alternância de desespero e esperança. Mas estávamos ainda juntos.

Lembro-me de que, à noite, baixavam as luzes até à penumbra e um prisioneiro, chamado Marco Mezzan – já falecido, mas que à época salvou-se –, fazia chegar ao quinto andar um jornal, não sei por que canais. Pouquíssimos conseguiam lê-lo naquela escuridão e podíamos tê-lo uma hora ou duas; depois, era preciso devolvê--lo para que não fosse encontrado na revista. Eu era uma das encarregadas de lê-lo forçando a minha ótima vista de garotinha e sussurrava, sem compreender, os longos artigos que continham notícias seguramente terríveis porque, à medida que eu prosseguia, ouvia exclamações cada vez mais ansiosas: "Oh! Mas será verdade?".

Passados quarenta dias, numa tarde de finais de janeiro de 1944, entrou um alemão na seção judaica de San Vittore e leu uma lista de mais de seiscentos nomes. Também lá estavam os nossos.

Tínhamos de preparar-nos para partir, mas para onde? Um dos velhos primos que tinham tentado fugir conosco para a Suíça, Rino Ravenna, suicidou-se, atirando-se do último andar do prédio: era a primeira vez que eu via um morto. O seu irmão Giulio Ravenna morreria algum tempo depois de inanição, no campo de Fossoli.

E eu, neste percurso da memória, tão longo e trabalhoso para mim, recordo-me daquelas horas, desde o momento em que ouvi os nossos nomes, lidos implacavelmente por aquele carcereiro, até a manhã seguinte, quando realmente partimos.

Era o dia 30 de janeiro de 1944.

Não podia olhar para o rosto do meu pai. De modo nenhum conseguia comentar aquela notícia nem ele estava em condições de fazê-lo. Mas sentia uma energia tão incrível que me fazia subir e descer, correr pelas escadas da cadeia. Contudo, as pessoas presas conosco sussurravam: "Não é possível. Certamente vão mandar-nos para um campo de trabalho na Itália; é impensável que Mussolini expulse italianos do seu país, mesmo que sejam da série Z".

Mas já tinham partido alguns transportes com destino desconhecido: ouviam-se notícias de comboios misteriosos. Dizia-se que, quando fôssemos em número suficiente, seiscentas ou setecentas pessoas, nos fariam partir como os outros. Preparávamo-nos para ir com as poucas coisas que nos restavam.

Mais de seis mil judeus italianos foram deportados para Auschwitz. Voltamos 363...

Naquele tempo, San Vittore era diferente de como está hoje. A sua estrutura era semelhante à das cadeias que se veem nos filmes americanos, com as celas que dão para um pátio interior com vários andares ligados por escadarias, e eu corria porque tinha de queimar as minhas energias. Corria para cima até os últimos andares, onde celas enormíssimas continham os recém-chegados: uma humanidade desconhecida que sofria exatamente como nós, com olhares iguais aos nossos, e com os mesmos gestos. Também eles atarefados preparando uma derradeira e miserável bagagem.

Eu ia para cima, olhava para eles e, depois, voltava para baixo e subia novamente. Encontrar aquelas pessoas era, para mim, uma espécie de descompressão, uma participação, como se lhes dissesse: "Estamos todos unidos, embora nunca nos tenhamos visto antes".

Saímos de San Vittore: um longo cortejo de homens, mulheres, crianças e, até, velhos doentes em padiolas. Todos tinham de partir por culpa de terem nascido; todos deviam ser punidos e deixar a cadeia que, embora fosse um local triste, ainda estava na nossa cidade, não longe das nossas casas.

Atravessamos uma seção de detidos comuns que foram extraordinários: não posso deixar de dizer. Devo isso aos detidos de San Vittore.

Era homens, homens que sentiam piedade de outros homens.

Em tempos difíceis como aqueles, o sentimento de piedade para com um semelhante seu, culpado só por ter nascido, é um dom: um dom para quem sente piedade, porque é um felizardo, é rico; e um dom ainda mais importante para quem recebe esse testemunho de amor fraterno.

E assim foram os detidos de San Vittore: sujos, debruçados fora das suas celas naquela varanda, com bênçãos, com adeus, com "até à vista", atirando-nos alguma pequena coisa, uma laranja, um par de luvas, um cachecol de lã, um pedacinho de chocolate.

Era um ouro líquido que descia sobre nós: era a compaixão.

Gritavam-nos: "Gostamos muito de vocês... tenham coragem. Não fizeram mal nenhum".

Os detidos de San Vittore foram extraordinários: nunca mais os esqueci. Não há uma única vez em que não tenha falado aos estudantes sobre aqueles homens, que podiam ser ladrões e assassinos, mas que, antes de tudo, eram homens. Depois, foi preciso muito tempo para que encontrássemos outros homens, porque só conhecemos monstros.

Os detidos de San Vittore foram capazes de sentir compaixão, ricos na sua pobreza absoluta de detidos em tempo de guerra. Foi um viático humano inesquecível.

Obrigada, passados sessenta anos.

O choro, a oração e o silêncio

Com murros e pontapés, fomos metidos num caminhão e levados à estação central de Milão. A cidade estava deserta. Os milaneses não sentiram compaixão por nós como os detidos de San Vittore: mantiveram-se em silêncio por detrás das janelas. Lembro-me de que o caminhão percorreu a Rua Carducci, e eu, que estava na ponta, no cruzamento com a Avenida Magenta, vislumbrei a minha casa por um instante, revendo-a passado tanto tempo... Depois, o caminhão atravessou a cidade até embocar na passagem inferior à Rua Ferrante Aporti e entramos nos subterrâneos da estação, na linha 21. A operação de carga e descarga foi violenta e durou uns momentos, porque o comboio já estava pronto a nossa espera: vagões de mercadorias, vagões de transporte de animais. Nenhum de nós conhecia aqueles subterrâneos, aquele ventre negro da estação central que agora, cremos, seja um lugar da memória, porque milhares de pessoas partiram daquelas linhas e nunca mais voltaram.[7]

Os vagões iam abarrotados, cinquenta, sessenta pessoas em cada um. Como nos vemos e olhamos uns para os outros naqueles momentos? O que se diz? Que silêncio espantoso nos paralisa? Que palavras inadequadas ficam presas na garganta, quando de repente se é catapultado para uma realidade que nunca se imaginou nem nas noites mais agitadas? Focos potentíssimos na escuridão, assobios, ordens, violência, bastonadas... e, à medida que cada vagão se enchia com essa humanidade atônita, era trancado por fora.

Lá dentro não havia luz nem água, só um pouco de palha no chão, um balde para os dejetos, as paredes nuas.

Os vagões foram engatados, os portões fechados, e você está lá dentro. Depois, com um elevador o comboio era levado para cima, para o nível da estação. E partia.

---

[7] Em março de 2004, nasceu em Milão uma comissão de cidadãos e organizações que pediram a criação de um memorial da *Shoah* nos subterrâneos da estação central, talvez a única na Europa que ainda conserve o mesmo aspecto que tinha entre 1943 e 1944. A ideia era construir um museu interativo e multimídia que servisse para as escolas aprofundarem o conhecimento desta página de história. Em fevereiro de 2005, um milhão de pessoas já haviam aderido a essa causa.

Lembro-me de que eu e meu pai nos apoiamos numa parede enquanto se iniciava a viagem para o nada. Não sabíamos aonde nos levaria aquele comboio, mas o ruído das rodas afastava-se cada vez mais das nossas casas, da nossa língua, dos nossos afetos. E como olhamos em volta, junto dos que nos são caros?

Era uma longa composição que tinha prioridade sobre os outros comboios.

Em tempo de guerra, os comboios da deportação tinham prioridade absoluta. Um exército como o alemão, que precisava combater em todas as frentes, decidia que os comboios da deportação passassem antes dos comboios militares...

Era a máquina perfeita do extermínio.

A viagem para Auschwitz – poucos falam dela porque poucos de lá voltaram – é um dos capítulos mais terríveis da *Shoah*. A minha durou seis dias,[8] e durante seis dias aquela humanidade vivia amontoada no vagão

---

[8] A composição em que Liliana Segre partiu era o comboio número 6: viajava com a sigla RSHA e chegou a Auschwitz no dia 6 de fevereiro de 1944. "Segundo os documentos conservados no arquivo do Museu de Auschwitz – escreve Liliana Picciotto Fargion, no *Libro della memoria* –, 97 homens superaram a seleção pelo gás e foram enviados para o campo com os números de matrícula de 173.394 a 173.490; as 31 mulheres matriculadas tomaram os números de 75.174 a 75.204. Segundo a pesquisa do CDEC, os deportados foram 605 e os regressados, vinte (...). Ainda segundo as pesquisas do CDEC, entre os identificados desse comboio, as crianças (nascidas depois de 1931) eram 36, os velhos

SOBREVIVEU A AUSCHWITZ

com as suas misérias, com as suas necessidades físicas, com os seus cheiros de suor, de urina, de medo. Conto isso aos jovens porque têm de saber, e quando se passa numa estação e se veem os vitelos ou os porcos levados para o matadouro, penso sempre que fui um daqueles vitelos, um daqueles suínos que, nas estações, imploravam água e ninguém a dava. Sei como nos sentimos por detrás das janelinhas tapadas dos comboios de mercadorias. E o comboio avança e veem-se passar estações e países estrangeiros.

No início, houve um tempo de pranto: todos choravam, lágrimas que subiam ao céu, mudas, que ninguém podia ouvir. Não as ouviam os ferroviários nem as pessoas à espera nas estações. E, quando atravessamos a fronteira, desceram os ferroviários italianos e subiram os austríacos e, depois, os alemães; e nós estávamos cada vez mais longe de casa.

Começava a longa fila de aldeiazinhas cobertas de neve. Daquelas janelinhas com grades, contra as quais se esborrachavam os nossos rostos, víamos as igrejinhas e as chaminés fumegantes, as crianças que iam para a escola

---

(nascidos antes de 1885) eram 158. A mais jovem, nascida em setembro de 1943, chamava-se Fiorella Calo; a mais velha, Esmeralda Dina, tinha 87 anos."

naquela que, para elas, era uma plácida manhã qualquer. Elas não tinham a culpa de terem nascido judias.

A segunda parte da viagem foi a da oração: os mais afortunados oravam, e os homens judeus envoltos no xale da oração que tinham conservado reuniam-se mais de uma vez ao dia no centro do vagão e salmodiavam, balançando como fazem os religiosos judeus, louvando a Deus até por aquela situação, e faziam-no também por nós que não sabíamos orar. Uma visão surreal.

Depois, foi a última parte, a do silêncio: um silêncio solene, importante, mais denso que qualquer choro ou oração.

Já não havia nada a dizer. Era o silêncio das últimas coisas, quando estamos sós com a nossa consciência e a sensação de que vamos morrer.

Quando se está para morrer, só se consegue calar. A vida anterior passa em filme dentro da cabeça e em nós só pulsa a necessidade de comunicar através dos olhos, com as pessoas que amamos, uma mensagem de adeus em que as palavras seriam demasiadas.

Mulheres-nada

Auschwitz: nome desconhecido, localidade artificial criada pelos nossos carcereiros poucos anos antes de lá chegarmos.[9] Era uma cidadezinha da Polônia, não longe de Cracóvia, que não tinha nada de especial para ser recordada e que, depois, se transformou no maior cemitério do mundo.

No dia 6 de fevereiro de 1944, o nosso comboio parou em Auschwitz e, ao silêncio que tinha paralisado a última parte da nossa viagem, sobrepôs-se o barulho obsceno dos assassinos que abriam as portas dos vagões.

---

[9] Auschwitz era o nome com que os alemães rebatizaram, em setembro de 1939, a cidadezinha polonesa de Oswiecim, a cinquenta quilômetros de Cracóvia. Era o lugar ideal para construir um campo de concentração, estendido por quarenta quilômetros quadrados, com mais de quarenta subcampos: isolado, portanto, fácil de esconder, dispunha já de alojamentos numa antiga caserna do exército polaco. Mas, sobretudo, aquele lugar estava próximo de um nó ferroviário com mais de três quilômetros de comprimento e 44 linhas. O primeiro comboio de prisioneiros chegou em 14 de junho de 1940 com 728 dissidentes poloneses e alguns judeus deportados da cadeia de Tarnòw, na Polônia. Depois da visita do comandante das SS, Heinrich Himmler, no dia 1º de março de 1941, Auschwitz foi ampliado, até consistir em três partes: Auzchwitz I (o campo principal), Auschwitz II-Birkenau (o campo de extermínio, onde estavam as câmaras de gás e os quatro fornos crematórios) e Auschwitz III-Monowitz (local das fábricas onde trabalhava a mão de obra escrava).

Depois da conferência de Wansees, de 20 de janeiro de 1942, em que os vértices do Reich decretaram oficialmente a *solução final* da questão judaica, começou em Auschwitz o extermínio em massa dos prisioneiros nas câmaras de gás (a partir de março de 1942). A 26 de fevereiro de 1943, chegou o primeiro comboio de ciganos.

Segundo estimativas, em Auschwitz foram mortas mais de um milhão e quatrocentas mil pessoas, das quais cerca de um milhão de judeus: um décimo dos que residiam na Europa naquele período da Segunda Guerra Mundial. No dia 2 de julho de 1947, o Parlamento polonês instituiu o Museu de estado Auschwitz-Birkenau.

(Notícias extraídas de R. Höss, *Comandante ad Auschwitz*, Turim, Einaudi, 1997, do site da internet do Museu de Auschwitz: www.auschwitz.org.pl; do CD-ROM *Destinazione*, Proedi editore, realizado com a colaboração da Fondazione Centro Documentazione Ebraica Contemporanea – CDEC, e de parte do fascículo enviado aos docentes *Tra storia e memoria. La* Shoah *spiegata ai ragazzi*).

Era a estação de chegada dos judeus, a *judenrampe*, a menos de um quilômetro do campo de concentração de Auschwitz II-Birkenau. A rampa fora preparada havia algum tempo para os comboios que lá confluíam de toda a Europa ocupada pelos nazistas, vomitando todos os dias centenas de pessoas provenientes da França, da Checoslováquia, da Itália, da Polônia, da Alemanha, da Grécia, da Holanda e da Bélgica. Uma babel de línguas invadia as linhas mortas: os comboios descarregavam aquela humanidade e voltavam para trás. Vazios.

Foram os prisioneiros vestidos com uniformes listrados que nos tiraram dos vagões. A visão que se abriu diante dos nossos olhos era terrível: uma clareira de neve no inverno polonês, as SS com os seus cães atrelados e, depois, os assobios, os latidos, as ordens.

Eu não compreendia nada.

As SS obrigavam-nos a juntar as nossas malas, a dividir-nos e a pormo-nos em fila. Tudo devia acontecer de modo preciso, ordenado e rápido. E tranquilizavam-nos com aqueles olhares glaciais e um sorrisinho estampado no rosto: "Calmos, mantenham-se todos calmos. Só queremos registrá-los. Esta noite, as famílias estarão de novo reunidas e todos juntos irão para o campo de trabalho". E nós queríamos acreditar.

Os que sabiam alemão traduziam-nos estas frases e nós queríamos loucamente acreditar nelas. Puseram os homens à esquerda e as mulheres à direita, fazendo um grande monte com as nossas malas.

Fui obrigada a juntar-me ao grupo das mulheres e o meu pai estava um pouco além, com os outros homens. Deixei para sempre a sua mão e nunca mais o vi, mas naquele momento não sabia disso.

Continuamos a olhar um para o outro de longe, e eu, com os derradeiros olhares, lutando para não chorar, sorria-lhe, enviava-lhe adeus...

Um dia que ficou inesquecível, que ainda está vivo em mim, passados mais de sessenta anos: poderia dizer como estavam dispostas as pessoas, descrever as cores em volta, as expressões dos rostos.

Houve a seleção da chegada: os nossos carcereiros já tinham calculado de quantas pessoas precisariam vivas para se tornarem força de trabalho e escolheram-nas entre as jovens. Nenhuma de nós podia sequer imaginar que aquilo seria um tribunal que nos deixaria vivas ou nos condenaria à morte. O primeiro de uma sequência trágica.

Entrei no campo juntamente com as outras garotas escolhidas para a vida e não para o gás: fomos poupadas à morte instantânea sem um critério preciso. Simplesmente: "Você, sim; você, não". E eu fiquei viva sem mérito algum, talvez por ser alta e aparentar mais do que os meus treze anos, porque até treze anos as crianças iam diretamente para o gás.

Éramos 605 no comboio que chegou a Auschwitz no dia 6 de fevereiro de 1944. Mais da metade mulheres. Fomos escolhidos para a vida 128: 31 mulheres e 97 homens. Os outros se afastaram em caminhões e, para os nossos olhos desorientados, eram eles os afortunados porque não tinham sido obrigados a caminhar naquele frio tremendo, depois daquela viagem massacrante e sabe-se lá para onde.

Também vi subir ao caminhão Violetta e a sua mãe, que tinham estado junto de mim naqueles dias na cadeia de Varese. Violetta era belíssima, e ela e a sua mãe iam embora no caminhão, abraçadas, e eu quis tanto ir com elas! Como poderia imaginar a verdade?

Com mais trinta garotas desconhecidas, a quem só a língua me unia, entrei assim no grande campo feminino de Auschwitz-Birkenau, o lugar das estruturas de morte.[10]

---

[10] Birkenau ou Auschwitz II era o epicentro do extermínio dos judeus da Europa. A sua construção começou em outubro de 1941, depois de se ter demolido a aldeia de Brzezinka; porém, só a partir de março de 1942 as suas estruturas se destinaram aos deportados

SOBREVIVEU A AUSCHWITZ

"Mas por quê?", perguntávamos, embriagadas pelo cansaço da viagem. "Onde estamos, por que nos está acontecendo isso, que mal fizemos?" Olhávamos à nossa volta espantadas, sem compreender a que realidade pertencíamos naquele momento.

Era uma situação surreal, um cenário apocalíptico: um campo enorme que continha sessenta mil mulheres, barracões cinzentos a perder de vista, três linhas verticais de arame farpado eletrificado, prisioneiras desnutridas vestidas com uniformes listrados, que falavam em todas as línguas, sentinelas com a metralhadora apontada para o campo, mulheres sendo castigadas, mulheres ajoelhadas no chão, mulheres-esqueletos que olhavam mudas para nós, que levavam tachos com sopa, arrastavam pedras e eram surradas pelas vigilantes.

"Onde estamos? Que lugar é este?" Sentíamo-nos enlouquecer. Seriam realmente os nossos olhos que assistiam a tudo isso ou estaríamos perturbadas por

---

judeus. Na primavera de 1943, construíram-se em Birkenau quatro grandes fornos crematórios com as câmaras de gás anexas, que substituíram as duas câmaras de gás em atividade desde julho de 1942: o Bunker I, ou Granja vermelha, e o Bunker II, ou Granja branca.

A 7 de outubro de 1944, o Krematorium IV de Birkenau foi teatro da única tentativa desesperada de revolta na história do campo: os membros do *Sonderkommando*, a "equipe especial" de prisioneiros judeus que metia os outros judeus nas câmaras de gás e, depois, queimava os seus cadáveres, fizeram explodir a estrutura. Foram todos exterminados.

alguma droga? Seria, porventura, o momento culminante de algum pesadelo noturno?

Empurraram-nos para o primeiro alojamento, onde nos despiram completamente, levando embora tudo da nossa vida anterior, até o lenço. É por isso que me dirijo especialmente às garotas: elas podem imaginar o que é estarem nuas, completamente despojadas e perdidas, enquanto passam as sentinelas e as SS, zombando de nós.

Não que nos olhassem com malícia, não era possível nada do gênero: as leis de Nuremberg proibiam que os arianos se deitassem com as mulheres das "raças inferiores", isto é, negras, judias, eslavas e ciganas. Não nos olhavam nesse sentido, mas só com desprezo e nojo, enquanto estávamos nuas, ali, e tremíamos de terror.

Esforçávamo-nos por, de algum modo, nos cobrir, pondo-nos umas atrás das outras: um conjunto desumano, cruel. Animalesco.

Nada mais nos restava além do nosso corpo; mas até ele iria como que desaparecer com o que nos era tirado: rasparam-nos os pelos das axilas e do púbis; os cabelos caíam no chão enquanto a máquina, nas mãos de outras prisioneiras, fazia o seu percurso no crânio que ficava careca. Que miseráveis! Aquele pudor violado...

Já não éramos mulheres. Olhávamos umas para as outras nos nossos uniformes listrados, carecas, com um lenço na cabeça.

Depois, tatuaram-nos um número no braço.

Hoje, usam-se tatuagens, mas sei que se podem apagar alguns sinais embaraçosos com o laser, como, por exemplo, a marca de um amor que já acabou. Mas não há laser que seja capaz de apagar o número de Auschwitz, porque aqueles sinais tortos foram profundamente cravados, muito abaixo da epiderme do meu braço esquerdo.

O meu número 75190 não se apaga: está dentro de mim. *Eu* sou o 75190. Nisto, os nossos assassinos fora realmente hábeis: quem traz no braço o número de Auschwitz, antes de tudo *é* o número de Auschwitz. Os nazistas queriam anular a identidade dos milhares de pessoas que não eram enviadas da estação diretamente para o gás, que deviam ficar vivas enquanto pudessem, mas sem nenhum direito à identidade.

Tornávamo-nos *Stücke*, peças, pedaços. A palavra *pessoa* desaparecia para sempre. "Quantas peças você tem no seu alojamento?", perguntavam as guardas umas às outras no momento da chamada. E as peças eram contadas para que não se perdessem.

Desde aquele momento, os nossos nomes eram apagados da história e substituídos por um número: o modo mais simples de afirmar que nunca tínhamos existido.

O número de Auschwitz está gravado no coração, está tatuado na mente e na alma: é a essência de cada um de nós que voltou para contar. Representa a vergonha espantosa de quem o infligiu e a honra de quem o carrega sem nunca ter prevaricado para sobreviver ao campo de concentração.

Vestidas em uniformes listrados, com o braço inchado, saímos para a neve com botinas com os pés trocados. Um embrutecimento imediato: já não éramos as mesmas mulheres que haviam sido descarregadas do comboio poucas horas antes. Começava a nossa vida de prisioneiras escravas.

E a autêntica essência daquele dia inesquecível foi-nos revelada por outras prisioneiras, garotas francesas chegadas duas semanas antes de nós: "Veem aquela chaminé lá ao fundo com a chama acesa? É um forno crematório: ali queimam as pessoas depois de as terem matado com o gás. Por isso, aqui em Auschwitz, sentirão esse cheiro adocicado: é a carne sendo queimada. Por isso, aqui em Auschwitz a neve é cinzenta: é a cinza, no vento de Auschwitz".

Não queríamos acreditar.

Mas ainda nos disseram: "Nunca mais verão aqueles que deixaram na estação: já passaram pela chaminé. São cinzas no vento de Auschwitz".

Palavras que ficaram longamente como uma ladainha obsessiva e cruel dentro das nossas cabeças. Não era possível acreditar em coisas daquele gênero, acreditar que homens tivessem tomado semelhantes decisões à mesa, e não falo de políticos alucinados por teorias de morte. Falo de engenheiros, eletricistas, industriais. Executores. Os da *zona cinzenta*; os que voltam o rosto para o outro lado e obedecem às ordens.

"Pediram-me para construir um forno e eu o fiz"...

"Disseram-me para produzir o gás Zyklon B (ácido cianídrico), e eu disse sim sem perguntar em que seria usado"...

E os carpinteiros que construíram as tarimbas nos alojamentos...

Os eletricistas que eletrificaram o arame farpado...

Os ferroviários que conduziram os comboios, os maquinistas, os guardas das passagens de nível...

Porventura, não terão voltado o rosto para o outro lado?

E continuava a ladainha das garotas francesas: "Já não somos nada, somos escravas, *mulheres-nada*. Aqui, qualquer um tem poder de vida e de morte sobre nós. Aprendam depressa alemão, obedeçam cegamente, nunca olhem de frente para as guardas, porque é proibido. Esforcem-se por viver, por sobreviver. Vão bater em vocês por uma ninharia, comam tudo o que derem, mesmo que seja horrível comer, porque aqui a alimentação é de tal modo pobre de calorias que não podemos deixar nem uma migalhinha".

Olhávamos para elas, as ouvíamos, convencidas de que estariam loucas. Eis o que é Auschwitz: um perfeito manicômio!

E, depois, veio a noite. Olhei para fora através da janela e observei a fumaça da chaminé. Já sabia o que era.

Mais tarde o veríamos com nossos próprios olhos: também apanharíamos de bastão, suportaríamos a fome, o frio, o medo e a solidão do prisioneiro que não tem nada e, portanto, não se volta para o companheiro de prisão porque não quer ouvir – como também nós não queríamos ouvir, ao fim de poucos dias – os soluços dos outros. Chorávamos como loucas, cada uma desejava contar às outras sobre a sua casa, a sua família, como era o seu quarto, os objetos que tinha deixado, o cão... Não queríamos ouvir. Mas, passados alguns dias, já nenhuma chorava.

Foi nesses dias que deixei de chorar, e para conseguir reencontrar as minhas lágrimas foi preciso que nascesse o meu primeiro filho: um acontecimento maravilhoso, porque soube que ainda era capaz de chorar, mas desta vez de alegria. E assim voltei a ser dona da minha vida.

Em Auschwitz não tinha lágrimas. Começou dentro de mim aquele processo de endurecimento, de egoísmo e de separação da realidade que era comum a todos os prisioneiros, com raríssimas exceções, que pertenciam à ordem dos santos. Os outros, todos nós, somos pessoas comuns. E eu também era uma pessoa comum. *Sou* uma pessoa comum. Comecei a fechar-me e a não me comunicar com os outros. Já não era capaz de suportar as separações; por isso, não queria afeiçoar-me a ninguém nem amar, nunca mais. A minha vida era a de uma prisioneira escrava, careca, esfomeada no frio de Auschwitz, com botinas nos pés, que bem depressa ficaram cheios de chagas.

Vivíamos numa promiscuidade absoluta, dormíamos cinco ou seis num castelo de beliches. As mais sortudas eram as que estavam no alto, porque embaixo caía de tudo. Era um fervilhar de insetos dos mais nojentos que andavam por cima de nós e se enfiavam nas costuras das roupas. No campo reinava a sujeira. Dormíamos vestidas, quer pelo frio, quer porque as nossas companheiras mais velhas e mais matreiras nos roubariam a roupa, que era uma preciosa moeda de troca. As botinas ficavam debaixo da cabeça, como travesseiro, senão desapareceriam e ninguém nos daria outro par.

Logo comecei a aprender alemão; primeiro aprendi o meu número de cor: *fünf-und-siebzig-ein-hundert--neunzig.*

Muitas morreram por estarem surdas e mudas à língua dos carcereiros. Era preciso obedecer, obedecer cegamente: à chamada, à distribuição da sopa. O nosso número servia para tudo.

Ter-se-iam passado quinze dias – já não tínhamos relógio, nem rádio, nem jornal. Não tínhamos nada. Já não sabíamos que horas eram, que dia ou que mês. Pouco a pouco esvanecia-se a noção do tempo – e uma manhã, ao romper da aurora, fui escolhida, sem nenhum mérito meu, para trabalhar na fábrica de munições fora do campo.

Éramos umas setecentas garotas de todas as nacionalidades no turno do dia e outras tantas no turno da noite: afortunadas, quem sabe por que misteriosa razão, tínhamos sido escolhidas para trabalhar abrigadas. De manhã, depois da chamada, que durava imenso tempo em cima da neve – uma hora, duas horas: enquanto as contas não batessem –, saíamos em fila do campo ao som da orquestra que acompanhava também, sinistramente, as execuções, e com uma marcha forçada chegávamos à fábrica *Union*.

Ainda existe. Em tempo de paz produzia móveis e utensílios mecânicos; em tempo de guerra, cartuchos para metralhadoras.

Os industriais alemães beneficiaram-se durante anos de mão de obra não paga. É verdade que não éramos operárias especializadas; antes, éramos uma nulidade e trabalhávamos o pior possível. Mas os nossos empregadores podiam contar com uma substituição contínua: quando uma de nós caía no chão, esgotada, e não se levantava imediatamente, chegava outra *mulher-nada* para substituí-la.

E, assim, até ao infinito.

Penso que sobrevivi porque me escolheram para trabalhar abrigada. Ou, talvez, simplesmente, porque ainda não tinha chegado a minha hora. Pois, com aquele clima e tendo-me tornado o esqueleto que então era, nunca teria resistido ao ar livre. A maior parte das outras desgraçadas *mulheres-nada* morreram por causa dos mais terríveis trabalhos: abrir covas, enterrando a enxada na terra gelada, enquanto outro grupo as enchia logo a seguir; carregar um caminhão de pedras, enquanto outro as descarregava no mesmo lugar. Trabalhos persecutórios, idealizados para que os *Stücke*, as peças, durassem o menos possível.

Nós sobrevivemos, a maior parte, porque durante um ano fomos poupadas do verdadeiro inverno de Auschwitz: saíamos do campo, não vivíamos o seu ritmo durante todo o dia, éramos subtraídas à visão das companheiras sendo castigadas e das companheiras enforcadas. Eu – medrosa e covarde como sempre fui –, mesmo quando atravessava o campo para ir à fábrica, não olhava, não observava à minha volta, não me voltava para as companheiras sendo castigadas nem para os montões de cadáveres fora do forno crematório, prontos para ser incinerados.

Eu olhava sempre para os meus pés, um à frente do outro. Não queria nada daquele mundo. Com os meus treze anos cheios de medo – fiz catorze em Auschwitz –, tinha optado por não estar lá.

E quando mais tarde, já adulta, li um livro muito impressionante de Bruno Bettelheim, *Sopravivere*,[11] encontrei a explicação científica desta minha atitude:

---

[11] BETTELHEIM, B. *Sopravivere*. Milão, Feltrinelli, 1988. Bettelheim era um psiquiatra e psicanalista de origem austríaca, falecido em 1990, que tinha experimentado os campos nazistas em Dachau e Buchenswald.

Bettelheim sustentava que cada sobrevivente pôs em prática um sistema muito próprio para conseguir sobreviver.

Havia sistemas horrendos que me perturbaram e me fizeram sofrer muito: tornar-se violento como os nossos carcereiros, o que, felizmente, não aconteceu nem a mim nem às minhas companheiras. Mas outros, como os *kapos*,* transformavam-se e tornavam-se idênticos aos nossos perseguidores.[12]

Depois, havia aqueles que, na gíria do campo, se chamavam *musulmänner*:[13] eram prisioneiros, tanto homens como mulheres, cuja mente chegava ao ponto do

---

* Serviam como supervisores de trabalho forçado nos campos de concentração nazistas, desfrutando de alguns privilégios. (N.E.)

[12] "Não era simples a rede de relações dentro do campo – escreve Primo Levi em *Os afogados e os sobreviventes* –, não se podia resumir aos dois blocos das vítimas e dos perseguidores." E dedica um capítulo, "A zona cinzenta", aos vários tipos humanos produzidos pelo campo. Entre os *kapos*, distingue os que ajudaram os seus companheiros, "estudando atentamente cada um dos oficiais das SS com quem estavam em contato, procurando perceber quais deles poderiam ser corrompidos, quais dissuadidos das decisões mais cruéis, quais chantageados, quais enganados e quais amedrontados com a expectativa de uma prestação de contas, quando a guerra acabasse". E aqueles que, pelo contrário – a maior parte –, "se mostraram exemplares humanos de medíocres a péssimos", vítimas de uma identificação total com os seus perseguidores.

[13] Oliver Lustig descreve-os assim no seu *Dizionario del lager* (in: *Voci dalla Shoah*, op. cit.): "O *musulman*, cujos órgãos, na autópsia, se mostravam muito atrofiados, nem sequer conservava o instinto de sobrevivência. Já não tinha força para tirar os piolhos das suas chagas infectas (...). Na sua loucura delirante, alguns se imaginavam livres e chamavam pelos pais e pelos irmãos que vinham mais depressa ajudá-los porque estavam cansados e já nem conseguiam caminhar. (...) Dos anteriores sentimentos humanos só um lhe restava: o medo. O *musulman* já não sentia fome nem sede. Só lhe queimava as vergastadas, só lhe doíam os pontapés dados com as botas. Os seus gestos eram guiados unicamente pelo medo, e só a morte os acompanhava".

não retorno e eles se deixavam morrer. Optavam por não comer nem o pouquíssimo do que lhes davam, sobre o qual nós nos lançávamos como loucas. Desabotoavam o uniforme quando nevava e caminhavam pelo campo, não em ordem como nós – em filas, para sobreviver, idas e vindas para o trabalho, idas e vindas ao banho, entradas e saídas dos alojamentos, ficar em linha atentas à chamada –, mas já não tinham mais chavões inibidores, vagueavam até cair no chão.

Quando não morriam de morte natural ou de frio, era a coronha da espingarda de alguém que decidia acabar com tudo aquilo. Era o último degrau em oposição aos *kapos*: entre o *kapo* e o *musulman* havia uma infinidade de sistemas de sobrevivência intermediários. Havia o espertalhão que fazia pequenos negócios no campo; o que se tornava servil com o carcereiro, porque talvez soubesse alemão, transformando-se num escravo das SS...

Depois, havia estratégias mais singulares para manter-se à superfície, como a minha. Eu não tinha qualidades ou defeitos tão pronunciados que pertencesse a alguma das categorias humanas. Tinha medo daquilo que os meus olhos pudessem ver. Por isso, tinha optado por um dualismo dentro de mim, uma sobreposição de realidades diferentes: eu estava ali com o corpo, que sofria com o frio, a fome e as pancadas, porém, com o espírito, estava noutro lugar. Vagueava, mas não com as recordações que me teriam ferido de morte mais do que o frio e a fome: tinha inventado um mundo de fantasia muito meu, algo de muito especial. Correr num prado, nadar no mar da Ligúria, colher flores, ver coisas belíssimas no céu. E conseguia não estar lá. Até recordava os velhos filmezinhos que tinha visto na minha infância e relembrava, na minha cabeça, os enredos inteiros.

Em noites de céu limpo, escolhia uma estrelinha lá no alto e identificava-me com ela. A estrelinha virou uma constante, mesmo na minha vida adulta. Os meus filhos presenteiam-me sempre com estrelinhas, e os meus netos desenham-nas para mim. É o meu símbolo.

Eu não estava em Auschwitz: tinha-me fundido com aquela estrelinha e pensava (de modo infantil, como eu era): "Eu *sou* aquela estrelinha. Enquanto a estrelinha brilhar no céu, eu não morrerei, e enquanto me mantiver viva, a estrelinha continuará a brilhar".

Mas não era verdade. Olhava para as minhas companheiras que eram o meu espelho. Observava os seus olhos já sem expressão, os seus corpos magros, sem seios, só um pouco de pele, buracos e chagas nos quadris. Nunca tínhamos menstruação porque punham naquela sopa uma mixórdia que a bloqueava. Já não éramos mulheres, não existia entre nós nenhuma relação que se assemelhasse à amizade ou à solidariedade. E eu não queria amar nem ser amada, não queria criar relações que pudessem significar, uma vez mais, separação e sofrimento. Eu era um pedaço isolado, uma identidade separada do todo. Esforçava-me por viver o hoje, por fazer passar aquele dia no campo e a noite seguinte.

A nossa vida corria marcada por um sistema que tinha organizado o dia do prisioneiro de modo que nada lhe fosse poupado: nem a visão das companheiras a serem castigadas, nem a dos esqueletos nus fora do forno crematório para ser queimados, nem as companheiras – pouquíssimas – que se agarravam aos fios eletrificados para acabar com aquela condição que já havia tempo não tinha nenhuma semelhança com a vida.

Outra sobrevivente de Auschwitz, que se chama Luciana Sacerdote e hoje mora em Gênova, viveu quase todo o período da prisão comigo, juntamente com a sua irmã, que morreu depois de uma *marcha da morte*. Encontramo-nos uma ou duas vezes por ano e nunca falamos do passado, mas dos nossos filhos e dos netos. Aquele passado não precisa de descrição: como então não podíamos permitir-nos recordar as nossas famílias, também hoje, mulheres já crescidas num mundo chamado normal, não podemos permitir-nos aquelas recordações.

Ela recalcou tanto, que não vai falar nas escolas como eu. Ela não enfrentou aquela passagem, não amadureceu aquela decisão tão importante que eu tomei quando me tornei uma testemunha. Nunca se libertou daquele peso. Ainda o tem dentro de si, os seus olhos azuis contam tudo sem que ela fale. Recalcou.

A seleção

Éramos três garotas italianas trabalhando juntas na fábrica *Union*: eu, Luciana e a sua irmã Laura. Mais tarde também chegou a Graziella Coen, de Roma. As outras eram estrangeiras, e essa Babel complicava muito as relações entre nós. Caminhávamos, habituadas a marchar numa fraqueza extrema, com o nosso corpo transformado num esqueleto ao cabo de poucos meses, cantando as canções dos nossos assassinos. E, enquanto íamos para a fábrica, chegavam-nos sons e ruídos da nossa vida anterior: os sinos de uma igreja, um comboio que passava, sibilos longínquos de uma vida cotidiana e normal quase esquecida de tudo.

Eu conto sempre: naquele trajeto – dois ou três quilômetros percorridos com grande esforço – cruzávamos quase todas as manhãs com um grupinho de rapazes dos catorze aos vinte anos, os rapazes da *Hitlerjugend*, a Juventude Hitleriana. Eram belos nas suas fardas, com a cruz gamada no braço, bem alimentados, louros, no selim de bicicletas pretas brilhantes. Nos primeiros dias eu olhava para eles, pensando que também eu tivera uma bonita bicicleta, presente de um tempo feliz. Depois, percebi que paravam à nossa passagem, mas só para nos cuspirem e nos cobrirem de insultos e palavrões: a princípio não os compreendia, depois aquelas vulgaridades foram-me traduzidas e tornei-me uma especialista em palavrões. E ouvia-me a dizê-los todo o dia.

Olhava para eles: não podia acreditar que rapazes jovens sentissem tanto ódio e desprezo por um grupo de mulheres desgraçadas, esqueléticas, prisioneiras, escravas. Não era suficiente terem-nos tirado tudo: a família, os afetos e a casa. Olhava para eles e, quando compreendi o significado das suas ofensas, comecei a odiá-los também loucamente, e dentro de mim movimentava-se uma tempestade dos piores sentimentos. Detestava-os com todas as minhas forças.

Por vezes, os estudantes que encontro perguntam-me: "O que a senhora pensa dos *skinheads*?".* Assemelho-os àqueles outros rapazes: têm o mesmo ar altivo, as mesmas cabeças raspadas, a mesma atitude de grande desprezo pelos outros. Mas na minha maturidade de mulher de paz, compreendi que já não odiava os rapazes da *Hitlerjugend*: como mãe e avó que agora sou, sinto pena daqueles que me cuspiam e considero-me mais feliz por ser vítima e filha de vítima, do que eles, os SS e filhos de SS.

E ainda hoje sinto essa mescla de medo e pena em relação aos *skinheads*: custa-me pensar que na atualidade há rapazes que, em vez de produzir obras boas – com o seu físico forte e treinado poderiam ajudar muitos mais fracos que eles –, ainda creem numa teoria que a história rejeitou de todos os modos e mostram-se bons em algo tão violento, tão materialista...

Naquele tempo eu não era assim, não era mãe nem avó: era uma garota aniquilada que sentia ódio de outros rapazes.

Depois, chegávamos à fábrica e trabalhávamos todo o dia: éramos operárias escravas, *mulheres-nada*. Éramos *Stücke*, peças, que só podiam viver enquanto

---

* Termo que define alguns grupos de jovens neonazistas.

fossem capazes de trabalhar. E quando à noite voltávamos para o campo, depois da marcha, acolhia-nos a visão da chaminé do crematório, com a chama acesa e sua fumaça adocicada. "Quem estarão queimando neste momento?" Mas estarmos vivas era uma grande sorte: escolhíamos a vida. Sempre.

Os campos de concentração nazistas eram ilhas rodeadas pelo silêncio. O silêncio dos Aliados, que nunca bombardeavam nem as estradas de ferro nem os campos. O silêncio da Igreja, cujos vértices nunca denunciavam, embora as razões dessa prudência ainda devam ser investigadas a fundo.

A base católica não. Comportou-se de maneira diferente: os conventos abriram os seus portões aos perseguidos de toda a Europa ocupada pelos nazistas, e foi dessa forma que meus avós maternos encontraram a salvação num convento de religiosas que os mantiveram escondidos no bairro Monteverdi em Roma, depois de 8 de setembro de 1943.

Também houve silêncio na Palestina, onde os judeus estavam de tal modo ocupados construindo o seu Estado, que nunca levantaram a voz para saber o que estaria acontecendo aos seus irmãos na Europa. Um silêncio absoluto.

Éramos ilhas de dor e de desespero que não viviam nos pensamentos de ninguém.

E, depois, era a noite, a noite do campo de concentração. Chegava o pedaço de pão negro, loucamente esperado todo o dia, porque, depois da sopa nojenta que nos davam de manhã, não se comia mais nada até o ocaso. Era uma fatia de pão escuro acompanhado com uma colherada de margarina e, duas vezes por semana, com uma fatia de chouriço, cujo conteúdo ninguém queria saber. Comíamos felizes. Seiscentas calorias por dia, a dieta pensada para nós: o bastante para sobreviver, em média, durante seis meses.

A noite ribombava de ruídos, assobios, ordens, chamadas, grupos de centenas de pessoas levadas para as câmaras de gás. Atravessavam o campo mães e crianças provenientes de toda a Europa, e iam morrer sem sequer ter consciência disso: acreditavam que tomariam uma ducha.

E, enquanto chamavam uns pelos outros, nós tapávamos os ouvidos: não queríamos ouvir, só queríamos dormir porque o dia seguinte haveria de ser tão horrível como o que acabava. E deslizávamos num sono sem sonhos. Por vezes, acontecia que alguma prisioneira, ao cair da noite, cantava uma canção triste da sua terra. As polonesas, sobretudo, tinham a mania de cantar antes de adormecer e nós as odiávamos, porque aquelas melodias pungentes traziam-nos à memória imagens e sensações que não conseguíamos suportar. E, então, em todas as línguas, gritávamos: "Calem a boca!".

Passou-se quase um ano. Estávamos todas muito mudadas; de vez em quando, abria-se um vazio ao nosso lado, alguma tinha desaparecido. Não nos perguntávamos onde fora acabar: era uma mulher que não já podia trabalhar porque muito magra ou doente. Internavam-na no hospital do campo porque já não servia para nada, e dificilmente de lá saía.

Por três vezes passei pela seleção no ano que vivi em Auschwitz-Birkenau. Não era a seleção da estação ferroviária que, embora fosse a mais cruel, a mais dura, acontecia num momento em que todos estávamos entontecidos e ignorávamos o que iríamos encontrar. No campo era diferente: a seleção era anunciada e as *kapos* fechavam-nos nos alojamentos em grupos de cinquenta/ sessenta mulheres de cada vez. Depois, levavam-nos ao local dos chuveiros – os verdadeiros –, nuas – a nossa perseguição constante –, e ali devíamos desfilar umas atrás das outras, atravessando uma grande sala para sair pelo outro lado.

Junto da porta, ao fundo, sentava-se um pequeno tribunal de vida e de morte: um médico e dois SS. Nós, nuas com o nosso corpo e nada mais, devíamos nos apresentar a esse júri.

Como nos encaramos, o que pensamos num momento desses? O coração quase explodia no peito cavado. Eu não estava habituada a rezar. Não era nem sou religiosa, só tinha a mim mesma, não tinha ajuda; era uma pobre coitada. Só dizia: quero viver, quero viver, quero viver, quero viver, quero viver...

Quando chegava diante dos juízes, conseguia fingir-me indiferente, embora o medo me esmagasse: dava-me perfeitamente conta da minha magreza, do meu aspecto de mulher não capaz de trabalhar. E com que terror suportava aquele exame! Mulheres nuas, esqueléticas, que eram examinadas pela frente, por trás, na boca, por homens fardados que muitas vezes ordenavam: "Volte-se de novo porque ainda não a vi bem".

Uma feminilidade anulada, completamente violada: como gado na feira a ser observado. E quando uma não estava muito bem, pensavam no gás e no crematório para apagá-la do mundo.

Lembro-me bem da primeira vez que passei pela seleção. Dois anos antes, eu tinha sido operada do apêndice e tinha ficado uma cicatriz bem visível na barriga. O médico deteve-me e pôs um dedo precisamente lá, na velha ferida. O meu coração parou: agora vão mandar-me para a morte porque tenho uma cicatriz. Mas não; primeiro perguntou-me de onde eu era, e eu, com um fio de voz, respondi: "*Italienerin*" [italiana]. Depois, muito orgulhoso, voltou-se para os outros dois assassinos e disse: "Olha, que cão esse cirurgião italiano! Uma garota tão jovem levará para toda a vida uma cicatriz tão feia". E explicou aos dois SS que ele fazia uma costura muito delicada, de modo que, passado pouco tempo, já não se via. E, comprazendo-se do seu profissionalismo, fez-me sinal de que podia ir-me embora.

Estava viva, estava viva, estava viva, estava viva!

Não ouvia mais nada, só estava feliz por estar viva porque sempre escolhi a vida, nunca me resignei à morte. Estava viva, estava radiante, não me importava de estar só, de ter perdido tudo, de ser uma garota escrava, sozinha e esfomeada. Estava viva, agradecida ao assassino que me tinha deixado viver. "Desta vez consegui!"

Mas é justo que também conte misérias minhas, covardias e pobrezas morais de então. Na seleção seguinte, atrás de mim estava uma garota francesa, Janine, que trabalhava comigo na fábrica, na máquina que cortava o aço e que, precisamente nos dias anteriores à seleção, lhe tinha cortado as primeiras falanges de dois dedos. Ela, pobrezinha, tentava esconder com um pano a sua mão mutilada e apresentava-se nua e deficiente ao tribunal de vida ou de morte. Eu tinha acabado de passar, tinha conseguido uma vez mais, e senti que os assassinos detinham Janine e que a escrivã, prisioneira como nós, tomava nota do seu número.

Aquele gesto significava: "Vai morrer porque já não pode trabalhar".

Fui insensível. Havia meses que trabalhava ao lado dela na máquina, mas não me voltei. Conto sempre este episódio quando falo de Auschwitz: para mim, é como uma expiação. Porque não fui como os presos de San Vittore, não lhe disse: "Coragem, Janine, gosto muito de você, adeus"… Teria podido dirigir-lhe uma palavra qualquer para que não se sentisse só no momento da condenação à morte, só por ter nascido judia. Não a chamei pelo nome no instante supremo da sua vida. Não me voltei, já não aceitava as separações.

Estou velha e já se passaram mais de sessenta anos desde aquele dia, mas conto-o sempre e, quando falo aos jovens nas escolas, peço-lhes que pensem uns momentos em Janine, que por um instante a façam viver na lembrança, como se Janine fosse a imagem de todos aqueles que desapareceram, cinzas no vento de Auschwitz.

Pensemos em Janine, um momento: era francesa, tinha vinte e dois ou vinte e três anos, olhos azuis, voz meiga, caracoizinhos louros, curtos, que tinham voltado a crescer depois do corte à chegada no campo. Levaram-na para a câmara de gás em Auschwitz num dia de 1944. Pensemos nela um momento, porque ninguém, exceto eu e os carcereiros, conheceu o fim que Janine teve.

Sempre me envergonhei do meu comportamento para com ela, mas não pude fazer nada para voltar atrás.

Há momentos na nossa vida que gostaríamos de reviver para torná-los diferentes; há episódios que nos algemam de tal modo que não permitem que a vida passe por nós sem termos de refletir sobre as ocasiões perdidas: uma palavra gentil, um encontro propositado com uma pessoa, um idoso que não tem ninguém, cinco minutos da nossa vida. Parar, voltar-me para dizer "Adeus, Janine!", mesmo sem chegar a nenhum gesto heroico de que poucos são capazes...

Pequenos gestos que podemos fazer todos os dias e que, ao contrário, só quando é muito tarde lamentamos não tê-los realizado...

Janine ia para a morte. Eu, ao invés dela, tinha dado aquele passo à frente que separava a morte da vida e retomei a minha existência de prisioneira escrava que um ano de campo de concentração tinha transmutado numa loba faminta, esquelética e egoísta. Transparente a mim mesma e aos outros.

Fantasmas em marcha

Em meados de janeiro de 1945, sentimos aproximarem-se rumores de guerra. A história estava mudando, pois víamos cada vez mais aviões voar por cima de nós. Eram os russos, percebemos logo depois, que tinham passado a fronteira oriental e se aproximavam a grande velocidade. Não sabíamos de nada, quando inesperadamente fomos obrigados a partir de Auschwitz. Tudo isso aconteceu pelo menos dez dias antes de 27 de janeiro, que, mais tarde, se tornou uma data emblemática para a memória dos campos de concentração, quando os russos entraram no imenso campo-cemitério e descobriram o horror.

Naqueles dias, os nossos assassinos decidiram explodir as estruturas de morte e levar consigo os documentos que atestavam os delitos cometidos. Os inimigos não podiam encontrá-los, pois ninguém devia saber o que tinha acontecido naquela nesga da Europa. Mas não conseguiram destruir a tempo todas as provas nem evacuar todos os prisioneiros. Mais tarde li que tinham ficado vivos em Auschwitz cerca de 58 mil pessoas, entre homens e mulheres.[14]

As SS encaminharam-nos à força pelas estradas da Alemanha, e aqueles de nós que ainda podiam estar de pé iniciaram a chamada *marcha da morte*, porque bem poucos chegaram ao destino e hoje podem contar como foi. Se leram *A trégua*, de Primo Levi,[15] saberão que ele teve sorte diferente: um grupo de prisioneiros muito doentes, talvez dois ou três mil, entre os quais Primo Levi, não conseguiu obedecer à ordem de evacuação e os nazistas não tiveram tempo de matar a todos. Os russos encontraram-nos, os mortos misturados com

---

[14] No dia 17 de janeiro de 1945, quando já se tinham iniciado as transferências em massa de Auschwitz, foi feita a última chamada geral: os presentes chegavam aos 68 mil, entre homens e mulheres. Destes, só 58 mil foram enviados, entre 18 e 21 de janeiro, para as *marchas da morte* em direção ao campo na Alemanha. Os outros foram mortos ou ficaram no campo até à chegada dos russos, como aconteceu com Primo Levi que, no momento da evacuação, se encontrava na enfermaria.

A mais longa *marcha da morte* foi percorrida por um grupo de 3.200 prisioneiros que, de Jaworzno, na Polônia, chegaram ao campo de Gross Rosen, na Baixa Silésia. Tinham caminhado 250 quilômetros.

Estima-se que as vítimas das *marchas da morte* tenham sido entre 9 e 15 mil (notícias extraídas de *Destinazione Auschwitz*, op. cit.).

[15] LEVI, P. *A trégua*. São Paulo, Companhia das Letras, 1997.

os vivos, esqueletos ajuntados por uma situação de sobrevivência quase limite, no campo de concentração de Auschwitz-Monowitz.

Eu, juntamente com outras mulheres, encontrei-me, primeiro, nas estradas da Polônia e, depois, da Alemanha: passado um ano de prisão, não éramos mais que fantasmas a arrastar-se pela neve. E quando, anos depois, vi o mapa do trajeto que tínhamos percorrido a pé – nunca soube da nossa localização quando estava prisioneira: estava em Auschwitz, mas desconhecia em que ponto da Europa me encontrava –, perguntei-me que força enorme estaria escondida dentro de nós, uma energia quase desumana que nos empurrava adiante, a pé naqueles caminhos.

Hoje, espontaneamente, digo aos meus netinhos: "Quando estiverem cansados de estudar ou de qualquer outra coisa, nunca digam 'Nunca conseguirei!', 'Não consigo!', porque não é verdade". O corpo humano e a mente são de tal modo fortes e extraordinários que conseguem fazer autênticos milagres; a vida é um bem tão maravilhoso e irrepetível que nos impele a fazer seja lá o que for para conservá-la.

Quando testemunho o que foi a vontade de nos manter vivos num contexto como o dos campos de concentração nazistas e da *marcha da morte*, não posso deixar de dizer aos jovens que me escutam: "Nunca digam a frase *nunca conseguirei*. Vocês todos são meus netos: eu não lhes quero falar somente como testemunha da *Shoah*, não quero mostrar-lhes apenas os horrores que vi e vivi. Quero contar-lhes a vida, porque estou convencida de que a vida é muito bela e muito boa".

E lá, naquelas estradas, vi um cortejo de fantasmas em marcha: em frente, sempre em frente, uma perna diante da outra... Não sei como conseguimos; talvez fosse aquilo a que chamo a força do desespero.

Também naquele momento eu era um mundo de egoísmo e de clausura. Não me detive para olhar as companheiras que caíam e acabavam com um tiro na cabeça, dado pelas guardas. Eu não olhava para os corpos congelados na estrada manchada de sangue dos cadáveres caídos nas bermas, outros mortos sem túmulo. Não queria olhar para aqueles que já não aguentavam mais. E não podia apoiar-me em ninguém, ninguém se podia apoiar em mim.

Os jovens perguntam-me: "Senhora, nunca ninguém conta sobre a *marcha da morte*, até os livros falam pouquíssimo dela".

Foi uma coisa terrível, de que só dificilmente consigo ter recordações precisas. Desenrolava-se de noite:

caminhávamos quase sempre de noite, porque os nazistas não queriam que nem os civis alemães vissem o aspecto daquelas milhares de pessoas escravizadas e aniquiladas, que se deslocavam para o Norte, sempre mais para o Norte, à medida que os russos se aproximavam.

Foi um acontecimento esporádico e terrível, uma longa fila de desesperados que se atiravam como loucos às lixeiras nas entradas das cidades. Agarrávamo-nos a ossos já descarnados, a bocados cheios de terra, a restos de hortaliças já murchos, ao lixo imundo dos alemães. Felizes por roubarmos algumas daquelas porcarias, seguros de que, no dia seguinte, os vômitos e a diarreia seriam pontuais; entretanto, tínhamos enchido o estômago, de modo que o cérebro pudesse ainda mandar nas pernas: "Caminha, caminha senão morre". E esforçávamos por transmitir isso com os olhos à companheira de marcha, porque já não tínhamos fôlego: "Caminha, não caia, senão vão te matar".

A vida é feita disso: quando alguém cai, é pisado e morto moralmente; é preciso ter sempre a consciência de que somos fortíssimos e que haveremos de conseguir...

Não sei quanto durou a marcha: eram dias em que qualquer movimento nos doía, mas tínhamos de caminhar.

Houve outros campos de concentração, nomes de dor e de ignomínia para quem os tinha inventado. Outros arames farpados, outros soldados sem piedade, outros mortos sem túmulo: Ravensbrück, Jugendlager, Malchow... Campos pequenos e grandes, estruturas de morte ou só de prisão, crueldades infinitas, desumanização.

Jugendlager, o "campo de concentração da juventude", subcampo de Ravensbrück, era uma horrenda estrutura de passagem: não havia latrinas nem água e lembro-me de que nos lavávamos esfregando o corpo com a neve. Estive no *Judendlager* durante dez dias. Dormíamos no chão num barracão em que não havia nada, nem sequer os catres a que já nos tínhamos habituado: éramos uma multidão de mulheres de todas as nacionalidades deitadas no chão. Uma noite estive muito mal, com um forte desarranjo intestinal, e lembro-me bem do meu desespero ao ter de passar por cima de dezenas de corpos para ir lá fora à neve... Mas como se podem contar estas coisas? Haveria mil pormenores repugnantes, mas talvez seja inútil referi-los: no meu testemunho, prefiro sempre relatar o sofrimento psicológico em detrimento do físico.

E, depois, houve o encontro com Peppino Levi, amigo do meu pai, filho de uma amiga íntima da minha avó. Quando estávamos presos em San Vittore, ele chegou alguns dias depois de nós: era um jovem bem constituído, robusto e bronzeado, que me atraía de modo absolutamente imaturo e indefinido, que me agradava. Peppino queria fugir de San Vittore, sonhava saltar do muro de proteção e procurava envolver outros no seu projeto, mas nenhum tinha coragem de arriscar tanto. No comboio da deportação, meteram-nos em vagões diferentes: não soube que fim tinha tido, até que acabei por encontrá-lo, em fevereiro de 1945, numa das etapas da *marcha da morte*.

Não sei onde estávamos, mas era uma das habituais estruturas de passagem, onde os alemães tinham decidido desinfectar-nos, antes de nos levar para outro campo de concentração. Nós, as mulheres, estávamos cheias de piolhos, esqueletos nus em fila e com os braços levantados para receber três jatos de água. Prisioneiros vestidos com uniformes listrados borrifavam-nos com o líquido para a desinfecção nas axilas e no púbis; um deles era precisamente Peppino Levi. Não havia nele um só vestígio daquele belo homem que fora. Olhamo-nos, reconhecemo-nos, apesar da deformação dos nossos corpos e naquela situação que não conservava nada da nossa vida anterior. Poucos minutos, não houve tempo para falar.

Depois, soube que morreu em Mauthausen.

Era o fim de março ou início de abril. Começava a primavera quando cheguei ao campo de concentração de Malchow, o último. Um pequeno campo no Norte da Alemanha, cujos limites podíamos ver, não como em Auschwitz ou em Ravensbrück, onde, acabado um campo, começava outro, mantendo-se o cinzento como cor padrão de tudo. Em Malchow não se trabalhava e quase nenhuma de nós se levantava daqueles catres duros.

Estávamos no fim. Apercebíamo-nos de que, embora ainda não tivéssemos sido mortas pelos nossos carrascos, o seríamos de qualquer modo dentro de uma dezena de dias. E com as poucas forças restantes e o cérebro perturbado, dizíamos umas às outras: "Se a guerra não acabar, se não acontecer nada de especial, morreremos todas de inanição, de astenia absoluta, de fraqueza extrema". Eu estava com uma infecção horrível: durante a marcha, tinha começado a sentir um prurido debaixo da axila esquerda e com a sujeira das minhas mãos, que já não lavava havia não sei quanto tempo, coçava essa pequena pústula. Era certamente uma ferroada de um dos muitos insetos asquerosos que conviviam conosco. Tinha provocado uma chaga que não sarava mais.

Era o fim de janeiro quando comecei a sentir dor sob a axila e via que daquela pequena pústula estava crescendo uma bola que ia aumentando todos os dias. Passados dois meses, doía-me muito debaixo do braço, as glândulas tinham-se inflamado até formar uma íngua, e eu já não conseguia juntar o braço, mantendo-o sempre afastado por causa do abscesso. Em Malchow, tornara-se enorme, tinha uma cor roxa, horrenda de se ver, e eu sentia dores loucas, embora enfrentasse aquela infecção galopante. Tive febre altíssima, mas Birkenau tinha-me transmitido o terror do ambulatório – chamávamos-lhe assim – do campo: quem entrava no hospital do campo de concentração, dificilmente de lá saía. Já havia tido outros abscessos, era uma doença típica do lugar, mas nunca tinha ido ao ambulatório para ser medicada. Nunca!

O abscesso já tinha invadido a axila e estava do tamanho de uma laranja: uma coisa para além de mim que, num corpo esquelético, se tornava ainda mais assombrosa. Um dia, vi descer dali um rio de pus: "Está estourando", pensei. Compreendia que não podia mantê-lo assim e, então, numa reação violenta, fui ao ambulatório. Lá estava uma SS, uma espécie de enfermeira para todo o serviço, que, quando viu a infecção, me disse poucas e boas por eu não ter me tratado antes. E, enquanto estava de pé, porque não havia onde sentar, mantendo o braço levantado como ela me tinha ordenado, a vi pegar umas tesouras. Deu duas tesouradas no abscesso, depois, espremeu-o, apalpou-o e ordenou-me: "Não desmaie, nem pense em desmaiar, fique aí onde está, de pé!". Eu estava aterrorizada, de morte. Fez-me uma atadura com papel higiênico que imediatamente se colou à ferida, e não me lembro de ter tido coragem de ir outra vez àquela SS para trocar a atadura.

Regressei ao meu alojamento não sei como, carregando às costas a fraqueza do fim da prisão e, agora, também aquela dor indescritível e o choque de ter sido tratada com tamanha brutalidade.

Mas ainda não era aquele o momento de eu morrer, porque não tive mais nada que febre, nem tétano nem septicemia. E aconteceu outra coisa incrível: uma jovem mulher desconhecida, nos seus trinta anos, viu o estado em que me encontrava – um farrapo de catorze anos – e, sem dizer nada, ofereceu-me um presente: uma rodela de cenoura crua, quem sabe como conseguira.

Era fantástico naquele momento receber um presente tão grande; ninguém pode compreender quanto um pedacinho de cenoura crua pode ser importante.

E eu o senti.

A minha sorte foi que tudo isso aconteceu nos últimos dias da minha prisão, e uma semana depois estava em condições de ser tratada no hospital que os americanos tinham montado na não distante cidadezinha de Jessennitz, experimentando em mim a penicilina que, então, era uma novidade absoluta. Ao fim de quinze dias o abscesso estava curado. Ainda hoje tenho uma grande e feia cicatriz debaixo do braço.

Naqueles dias, no campo de Malchow, não era apenas a história que estava mudando. Éramos três ou quatro as que ainda tínhamos força para ir atrás do alojamento, embora continuássemos prisioneiras no pequeno campo, e nas primeiras horas da tarde desfrutávamos daquele sol tépido de início de primavera. Olhávamos para além do arame farpado: havia campos verdes, árvores, e nós, *mulheres-nada*, sonhávamos abrir aquele portão, sair e caminhar nos prados como outrora, havia já tanto tempo, apanhando erva para metê-la na boca e provar o seu sabor acre.

Era o milagre da natureza: de dentro do campo, tínhamos visto sair da terra nua, dia após dia, um fio de erva, depois outro, e ainda outro, até que todo o prado se tornara verde. Como era bonito! Para lá do portão estava a liberdade, palavra maravilhosa de quem começava a recordar o sentido.

Todos os dias, a determinada hora, fora do campo, passavam prisioneiros de guerra franceses. Eram belos jovens que tinham vivido os anos da guerra como trabalhadores forçados nas fazendas alemãs e, por isso, tinham sempre comida, conservando uma boa condição física. Viam-nos de longe – a nós, figuras informes, pardacentas e assexuadas – e pensavam que seríamos doentes. Começaram a saudar-nos. Foram os primeiros, depois dos presos de San Vittore, que tiveram compaixão de nós. Saudavam-nos e, um dia, perguntaram-nos: "Quem são vocês?". E nós em coro: "Somos garotas judias". "Garotas?" Estavam espantados. Viam-nos tão horríveis de longe, sem idade nem sexo. Cada uma de nós gritava: "Tenho catorze anos". "Tenho vinte anos". "Tenho dezoito anos"...

Quando realmente perceberam que éramos mulheres jovens, foram extraordinários, tiveram compaixão de nós. Diziam-nos: "Pobrezinhas, não morram, a guerra está acabando, os alemães estão perdendo em duas frentes: de um lado chegam os americanos e do outro, os russos. É questão de dias, não morram precisamente agora".

Não era verdade, era impossível acreditar! Alguém se preocupava em chamar-nos pobrezinhas! Foram realmente irmãos.

Entrávamos novamente nos alojamentos e contávamos isso às companheiras, que já não conseguiam levantar-se: mais parecia um conto de fadas, uma coisa impossível que nos acontecia, justamente a nós que ainda estávamos vivas e a guerra acabando.

Aqueles jovens repetiam-nos os boletins diários: "Eles estão a trinta quilômetros, estão a vinte, não morram justamente agora". E nós, que durante mais de um ano não tínhamos sabido de nada, a não ser que os alemães tinham conquistado mais da metade da Europa, perguntávamo-nos: "Quando acabará tudo isso?". Estávamos convencidas de que morreríamos sem nunca ver o fim. Mas, ao contrário, a guerra estava acabando e os alemães perdiam-na. Era uma notícia insuportável, fazia doer o coração.

Estávamos tão fracas e levávamos aquela notícia extraordinária às que estavam pior que nós: "Não morram!". Nos seus olhos ainda havia uma centelha de vida, mas muitas não conseguiram. Muitas, como Laura Sacerdote, a irmã de Luciana, morreram lá, ficando naquela Alemanha que nos tinha feito tanto mal.

Vimos os nossos algozes ficarem nervosos naqueles últimos dias. Cruéis como antes, mas agitados, pela primeira vez. Até que ouvimos a ordem que tanto havíamos desejado: "Preparar para sair do campo". Não como livres, continuávamos prisioneiras; e arrastamo-nos para fora com as últimas forças, fantasmas daquilo que tínhamos sido. Os carcereiros carregavam em camionetes e motocicletas as escrivaninhas, os dossiês e as máquinas de escrever. Levavam tudo embora. "E que farão conosco?" – era a pergunta nunca respondida. "Não podemos caminhar mais para o Norte, pois significa que nos massacrarão a todas."

Mas não aconteceu assim. Os dois exércitos vencedores chegaram muito antes do previsto e os nossos guardas foram obrigados a abrir-lhes o portão, a deixar-nos sair e a sair conosco, ainda com os cães atrelados e nós ainda prisioneiras, de novo nas estradas alemãs.

Abriam-se as casas dos civis, escancaravam-se as janelas, as pessoas saíam e levavam embora tudo o que podiam, mesmo os animais dos currais. Fugiam dali porque queriam entrar – soube depois – na zona de controle americana, enquanto aquela em que nos encontrávamos haveria de passar para o controle do exército russo, menos rico, menos eficiente, menos pródigo de alimentos e presentes. Não, àquela altura, não compreendíamos o porquê do êxodo dos civis.

E os guardas misturavam-se conosco: ao lado das *mulheres-nada* vestiam-se à paisana. O que estão fazendo? Há um minuto tinham direito de vida e de morte sobre milhões de pessoas na Europa ocupada e, de repente, soltam os cães, atiram as fardas e as armas no fosso que corria ao longo da estrada.

Olhávamos para eles espantadas: "O que estão fazendo?". Ficam de cuecas! Junto de nós, os SS despem-se, vestem-se civilmente e voltam a ser uns senhores quaisquer, os da *banalidade do mal.*[16]

Aquela gente que tinha posto de joelhos os exércitos de meia Europa e até há pouco nos aterrorizava, a nós mulheres indefesas e impotentes, punha-se agora de cuecas na nossa frente. Era uma visão tão estranha, tão incrível; e nós, exatamente nós, garotas escravas,

---

[16] É a expressão, que já se tornou clássica, com que a filósofa alemã Hannah Arendt descreveu a mediocridade de todos os funcionários envolvidos na máquina do extermínio, portanto, muito distantes da imagem de carniceiros desumanos. No livro *Eichmann em Jerusalém: um relato sobre a banalidade do mal* (op. cit.), Arendt faz uma crônica do processo do nazista Adolf Eichmann, um dos organizadores da *solução final*, realizado em Jerusalém em 1961.

tomávamos consciência de que éramos testemunhas daquele instante que subvertia a história.

Era um momento de mudança, que marcava uma época, em que acontecia tudo e o contrário de tudo: o mundo ruía. Pensem nos civis alemães que, até à véspera, se tinham sentido os donos do mundo; nos camponeses que, embora não seguissem o credo nazista, embora nunca tenham sido "carrascos de Hitler, zelosos e conscientes" – segundo a definição do estudioso Daniel Goldhagen[17] –, continuaram a lavrar o seu pedaço de terra, sentiam-se importantes, parte da "raça superior", sob a égide do milenar Reich alemão. E, repentinamente, aquele Reich milenar é derrotado e o seu mundo desaba fragorosamente.

Houve um momento importante da minha vida, um episódio privado incrustado no evento epocal que eu estava vivendo. O comandante daquele último campo, assassino cruel, caminhou junto de mim – nunca soube o seu nome, era um homem alto e elegante –, despiu-se, ficando de cuecas, e vestiu-se como um civil. Voltava para casa, para os filhos e a mulher. Certamente nem

---

[17] GOLDHAGEN, D. *Os carrascos voluntários de Hitler*: povo alemão e o Holocausto. São Paulo, Companhia das Letras, 1997.

sequer percebia minha presença, porque eu ainda era um *Stück*, uma peça.

Quando atirou a pistola aos meus pés, com todo o ódio que tinha dentro de mim e a violência sofrida que me invadia o corpo, pensei por um instante: "Agora, no meio desta confusão absoluta, inclino-me, agarro a pistola e mato-o". Durante muito tempo tinha me alimentado unicamente de maldade e vingança. Pensei que, disparar contra ele, seria a ação justa no momento certo, um final merecido para aquela história da qual eu fora protagonista e testemunha. Mas foi só uma fração de segundo.

Um instante importantíssimo, definitivo na minha vida, que me fez compreender que eu, nunca, por nenhum motivo do mundo, teria sido capaz de matar. Que, na fraqueza extrema que me vencia, a minha ética e o amor que havia recebido em criança me impediam de tornar-me igual àquele homem.

Nunca poderia apanhar a pistola e disparar contra o comandante de Malchow.

Eu sempre escolhera a vida. Quando se faz esta escolha, nunca se pode tirar a vida de ninguém.

E, desde aquele momento, passei a ser livre.

II
TESTEMUNHA DA *SHOAH*

"Estas coisas só podem parecer compreensíveis a quem tiver vivido pessoalmente ou conseguir imaginar-se vivendo num período tão perturbado e confuso."

Rudolf Höss[1]

Só no fim de um relato faz sentido pensar sobre as razões dele. Só depois de ter encontrado um conteúdo, uma história, é lícito perguntar que impulsos fizeram com que reemergisse da memória: por que é que, quem a viveu, sentiu necessidade de comunicá-la aos outros, potencialmente a todos os outros?

As respostas a estas perguntas acrescentarão pormenores àquela história e não serão detalhes secundários: as envolverão com uma luz mais intensa e orientarão para o seu fim autêntico.

Todavia, para conseguir formular estas perguntas, será preciso narrar outra história, que começa em 1990, quarenta e cinco anos depois de Auschwitz, quando

---

[1] HÖSS, R. *Comandante ad Auschwitz*, op. cit.

Liliana Segre descobre que já não precisava do seu universo privado e decide tornar-se uma testemunha da *Shoah*.

A primeira vez, eu não sabia se conseguiria emitir algum som. Depois, comecei a perguntar a mim mesma se conseguiria contar sem gritar.

Não há uma única nascente da qual o relato tenha começado a fluir. Uma cadeia de eventos trouxe à superfície motivações interiores até então adormecidas, impelindo Liliana a pagar, passado tanto tempo, aquilo que sentia e sente como uma dívida para com aqueles que nunca voltaram do campo de concentração.

De repente, procurou interlocutores jovens, estudantes de escolas médias e superiores, e os seus docentes, para que o seu testemunho não se juntasse a milhares de outras conferências, mas se inserisse num contexto de estudo e de formação.

Quem, entre os adultos – explica –, quis aprofundar este tema, já investigou por sua conta; e quem, ao contrário, se enfastia quando ouve falar da *Shoah* ou até não acredita que o extermínio dos judeus aconteceu realmente, não mudará de ideia ouvindo a minha história. Interessa-me falar aos jovens, para que eles sejam, por sua vez, testemunhas: quem ouve uma testemunha torna-se inevitavelmente uma testemunha.

Sobreviveu a Auschwitz

E interessam-me os docentes, aqueles que na verdade escolheram ser educadores.

Não foi há muito tempo que a escola italiana descobriu quanto o ensino da *Shoah* pode revelar-se transversal: uma ocasião educativa, um evento que, independentemente da sua centralidade histórica, se mostra capaz de se abrir aos grandes temas da tolerância e da convivência entre culturas diferentes. E de escancarar não poucos cenários para também se refletir sobre o nosso presente, sobre a nossa sociedade que nunca foi tão multiétnica e, ao mesmo tempo, tão racista.

Nos anos 1990, o programa de História dos últimos anos do ensino secundário e superior, na Itália, foi restrito ao estudo do século XX, sendo, finalmente, possível tratar com maior atenção o período da Segunda Guerra Mundial. Ora, é precisamente nos anos 1990 que começa a circular o termo "interculturalidade", mesmo nas escolas, e, nesse período, o ministério da *Pubblica Istruzione* assina um documento juntamente com a União das Comunidades Judaicas Italianas para promover o ensino de "valores comuns mesmo nas diferenças".

Chegam filmes como *A Lista de Schindler* e *A Vida é Bela*, que trazem à cena uma *Shoah* adocicada e romanceada, mas perfeita para envolver o grande público

107

e os jovens. Traz, por outro lado, a instituição do Dia da Memória, em 2001, multiplicando as iniciativas para aproximar todos da exploração desse buraco negro da história. E de tal modo, que hoje se chegou ao extremo oposto: uma tão grande superabundância de notícias e de solicitações que a *Shoah* arrisca-se, sobretudo aos olhos dos jovens, a acabar no monte das imagens produzidas pelo *zapping* televisivo.

Mas poder olhar nos olhos de uma testemunha e escutar a sua voz ao vivo continua a ser uma experiência única, carregada de uma vivência emocional, finalmente em condições de traçar um caminho plano na floresta de informações em que, todos os dias, parece que perdemos a orientação.

Anna Di Stefano, docente de Religião há dezoito anos, por seis vezes convidou Liliana Segre a falar a centenas de estudantes da sua terra, Gavirate, junto ao lago de Varese. E leu neles a marca profunda, embora ainda inicial e indefinida, impressa por esses encontros.

A senhora Segre tem uma ótima capacidade de emocionar, de produzir empatia – disse –, é como se fizesse viver Auschwitz a quem entra em sintonia com o seu testemunho. É muito singular que uma vivência extrema como a sua, sem pontos de contato com a nossa vida cotidiana, consiga criar uma espécie de identificação. Notei isso nos jovens – de modo particular nas garotas –, mas também nos adultos: rever alguns episódios dolorosos da sua vida à luz daquilo que Liliana Segre conta. E talvez pensar nela, menina no campo de concentração, em poder de um exército de monstros, quando se receia não conseguir enfrentar uma dificuldade: "Se ela conseguiu…".

Mas também há pessoas incapazes de suportar um testemunho tão poderoso: não só os jovens, que riem às escondidas, que se beijam enquanto ela fala, mas também os adultos que, despropositadamente, brincam com esse assunto e sobre a insistência com que eu, todos os anos, o proponho nas minhas lições. Para alguns é unicamente uma questão de ignorância, o que já nem me admira, mas creio que para outros se trataria de uma reação instintiva e necessária: o que uma testemunha direta da *Shoah* consegue libertar é tão profundamente violento que nem todos estão em condições de reagir em silêncio. O riso, o escárnio, a distração tornam-se instrumentos de defesa, porque aceitar ouvir – sem chegar também a partilhar – o sofrimento de outro é de algum modo um ato de coragem, e nem todos somos capazes de atos de coragem. Isso vale também para os docentes, por tudo o que pude constatar ao longo dos anos: o medo das emoções que podem explodir ao tratar de um tema desse gênero é tal que se torna muito mais cômodo ensinar fórmulas, falar de literatura, de geografia e de técnica.

Milena Santerini, especialista em Educação Intercultural e docente de Pedagogia Geral na Universidade Católica de Milão – onde Liliana Segre testemunha todos os anos e sua conferência faz parte das lições do curso de licenciatura em Ciências da Formação –, sublinha, porém, os limites de um envolvimento emotivo a propósito da *Shoah*. Afirma que o ensino desse acontecimento deve ser colocado "no contexto social e político em que os jovens de hoje vivem, evitando a retórica do 'dever da memória'. A educação pode e deve promover uma integração real de história e memória, unindo testemunho e fontes documentais, informação e interiorização da recordação, pequena e grande história, evitando não só o risco da sacralização, mas também o da banalização".[2]

Contudo, também há quem, de modo banal, mostre uma simples e superficial indiferença.

> Há jovens racistas que, mesmo depois de terem ouvido Liliana Segre, continuam nas suas posições – constata Anna Di Stefano. Ou, então, dizem: "Está bem, *prof.*, que seja assim com os judeus; mas não seria o caso de expulsar todos os ciganos?". Representam uma minoria, mas são eles que ficam para sempre a martelar na cabeça. Alguns dos meus colegas chamam-lhes os jovens "animais";

---

[2] SANTERINI, M. "Holocaust education in Italy", artigo publicado na revista *Intercultural Education* de junho de 2003, volume 14 (Amesterdã, Carfax Publishing).

afirmam que "estes animais não percebem nada". Mas eu pude verificar que o problema é apenas uma questão de identificar neles as cordas certas e começar, lentamente, a tocá-las.

Não consigo afirmar, como fazem muitos, que os jovens de hoje sentem aborrecimento e desinteresse por tudo, em especial em relação ao passado. Não. Depende da paixão dos seus educadores: os adolescentes, mesmo os mais novos, percebem claramente se um professor está preocupado com transmitir-lhes somente fórmulas frias. É verdade que somente daqui a uma dezena de anos poderemos compreender quanto o testemunho sobre a *Shoah* terá agido neles.

Entretanto, no presente, a maior parte dos jovens abandona-se ao relato de Liliana Segre, deixando-se transportar pelas imagens e pelas recordações. E as garotas, sobretudo, choram. Ela apresenta-se como uma avó e pede ao seu auditório um esforço de fantasia, para que possam imaginá-la menina. E, por vezes, acontecem episódios surpreendentes durante o seu testemunho.

Conta ainda Anna Di Stefano:

Era o terceiro encontro com Liliana Segre organizado pela minha escola: quinhentos jovens atulhavam o auditório de Gavirate.

No fim do seu relato houve um breve espaço para as perguntas. Levantou-se um homem que nunca soube quem era. Estava profundamente comovido. "Senhora, antes de tudo, *Shalom*" – começou. Teria uns quarenta anos. A sua intervenção foi muito longa porque acabou chorando, tendo de interromper-se, e depois continuou, sempre com grande esforço, para extrair as palavras da confusão das suas emoções. "Senhora – disse –, queria pedir-lhe desculpa: sou filho de um daqueles guardas suíços que, em dezembro de 1943, mandaram-na para trás, para além da fronteira." E caiu na sala um silêncio pesado, terrificante.

A senhora Segre ficou muito impressionada com as palavras daquele homem e agradeceu-lhe.

Eis o presente: uma sobrevivente que faz do testemunho um compromisso. Que há quinze anos, durante cada ano letivo, o conta, uma vez por semana, a muitos jovens, vivendo essa situação como uma coisa normal. Algo que tem de fazer.

Mas, antes de conseguir fazer com que a menina prisioneira no campo de extermínio reviva em público e de amadurecer o desejo de enfrentar jovens e adultos, Liliana Segre teve de passar por uma laboriosa elaboração do passado.

Conta assim o nascimento e os desenvolvimentos da sua necessidade de testemunhar, uma necessidade simultaneamente visceral e racional. Por isso, percorre a reação dos seus familiares perante essa sua saída tardia e imprevista a céu aberto. E, depois, a sua relação com os jovens estudantes e a sensação premente de que já não há muito tempo a perder: "Não há tempo, porque já começo a sentir-me cansada. Tenho essa consciência do tempo que foge depressa. É o motivo de eu pedir assembleias numerosas de jovens, centenas, milhares. E, se me pedissem para falar diante de vinte mil pessoas, eu aceitaria sem pestanejar. Tenho de chegar ao maior número de pessoas possível".

* * *

Uma dívida a pagar

A realidade do meu testemunho tem muitos rostos, não existe uma razão única que me tenha levado a tornar-me testemunha nem um momento cronológico preciso em que eu tenha decidido fazê-lo.

Oficialmente, comecei em 1990, depois de um longuíssimo percurso interior. Hoje, é-me difícil explicar de que modo essa caminhada se desenrolou em mim. Mas, agora, à distância de alguns anos, já identifiquei a mola decisiva que saltou: era a sensação do dever não cumprido. Uma motivação muito íntima que ultrapassa o valor público e universal de um testemunho sobre um pedaço da história como a *Shoah*. É verdade que, como muitos outros, também eu estou convencida de que os jovens devem conhecer tudo o que aconteceu; que é importante continuar a falar-lhes porque nada, neste mundo, nos garante que um horror semelhante não possa acontecer novamente; que a história é memória e caminho com todas as considerações sobre a importância do passado que tantas vezes se repetiram. Mas comecei a dar testemunho por causa de uma dívida ainda não paga. Devo-o a todas as vidas que vi serem despedaçadas à minha volta, aos jovens que nunca se tornaram adultos.

Devo-o àquela garota que vi entrar grávida no campo de concentração, aos dois recém-casados Aldo e Bianca Levi, que tinham compartilhado a mesma cela em San Vittore comigo e meu pai nos últimos dias antes da deportação, a todas as crianças que não chegaram a envelhecer como eu. Devo-o à família Morais; antes de partir para San Vittore, meu pai tinha-me confiado à senhora Morais, que era uma mãe. Tinha-lhe pedido que cuidasse de mim, se no lugar para onde nos estavam levando houvesse de separar os homens das mulheres, como nas cadeias de Varese e de Como. Mas a senhora Morais, com os seus dois filhos, foi imediatamente para o gás: eu a via afastar-se no caminhão e queria tanto ir com ela, sem saber que ela acabara de ser selecionada para a morte.

Sinto-me sempre na obrigação de nomear estas pessoas: não podemos esquecê-las, porque viveram, não foram apagadas da história. Eram pessoas normais, boas, mansas, que não se mancharam com nenhuma culpa. Como um certo Fontanella, que, ainda em San Vittore, fora obrigado pelo comandante alemão a limpar uma latrina com a língua. Como Lina Besso, uma garota que morreu ao chegar a Auschwitz e que, na cadeia milanesa, foi dada como mulher de um jovem que acabara de conhecer, porque se pensava que as mulheres casadas estariam mais protegidas contra os apetites dos soldados alemães e que ninguém se aproveitaria delas. Foi uma cena incrível aquele casamento celebrado numa cela entre dois desconhecidos...

E devia-o, sobretudo, aos meus familiares que morreram em Auschwitz. Sempre estive convencida de que, se por acaso o meu pai tivesse regressado vivo e não eu, nunca teria havido um minuto disponível da sua vida que não fosse para recordar.

Foi em nome dos meus familiares que me tornei uma testemunha. Seria muito mais cômodo não falar daquele período, ficar em casa e me colocar diante de uma tela de televisão ou de uma multidão de jovens. Seria mais cômodo não ir a Tradate, a Saronno, a Gavirate, a Pesaro, a Bolonha. Além do mais, quem se interessa por Tradate, Saronno, Garivate, Pesaro e Bolonha? Mas, na realidade, eu importo-me com tudo e com todos, já que decidi entrar nessa ordem de ideias.

Quando comecei a falar em público, interrogava-me se seria capaz de contar sobre Auschwitz, isto é, se me aguentaria emocionalmente. Em Milão, tinha assistido a inúmeras conferências sobre a *Shoah* e fui sempre uma juíza severa das apresentações de outros. Depois, tinha de preparar-me para o som da minha voz, que, diante de um auditório de estranhos, formulava as mesmas palavras que não consigo pôr numa folha em branco, porque a escrita aterroriza-me. Portanto, não sabia se a forma do meu relato haveria de ser tão incisiva que captasse a atenção dos ouvintes: é fácil contar anedotas, histórias humorísticas ou picantes.

Descrever o campo de concentração na primeira pessoa é outra coisa.

Privadamente, com os meus familiares, nunca tinha tentado uma verdadeira narração: era muito difícil, para mim e para eles. Com os meus filhos e o meu marido sempre passei por esse assunto como um relâmpago. Nunca me aconteceu sentar-me e dizer: "Agora, todos caladinhos, que a mamãe vai falar a vocês". Ao longo dos anos – muitos anos –, lembrei-me de repente, centenas de vezes, de momentos mais ou menos dolorosos em Auschwitz. Não eram só palavras: eram atitudes, a linguagem muda, incontrolável e explícita dos estados de espírito. Não era justo dar por certo que as pessoas que amo e que me amam estivessem, em algum momento, disponíveis e desejosas de ouvir tudo o que eu tinha dentro de mim. E, então, mesmo quando me passavam pela mente pormenores e recordações, preferia calar-me, talvez porque naquele momento os meus filhos estivessem ocupados estudando para um teste, ou porque estavam nervosos e preocupados com alguma coisa, ou por qualquer outro motivo. Por isso, em família, contei tudo e nada, e nunca de modo continuado e programado.

Repito: a minha elaboração foi longuíssima.

Por temperamento, procuro sempre fazer as coisas de certa maneira, do modo que acho certo. Não sou uma criatura muito branda e tolerante; sou severa comigo mesma e com os outros. Tenho em muito apreço a palavra dada, por exemplo. Ai de quem mente para mim! Se descobrir, nunca mais confiarei nessa pessoa. E esse aspecto do meu caráter fazia com que eu sentisse dentro de mim, já há muitos anos, um descontentamento profundo. Havia tantas pessoas sobreviventes dos campos de concentração que contavam as suas vidas em público e eu não: eu não tinha tido a coragem de falar...

O olhar sobre o meu passado começou a mudar, a esclarecer-se, depois do que me aconteceu em 1976, quando tinha 46 anos e entrei em depressão, aquilo a que agora chamam esgotamento nervoso. O primeiro sinal chegou durante uma viagem ao Sri Lanka: um golpe de calor, uma forte sensação de fraqueza e muito cansaço para voltar à Itália. Era só a causa desencadeante que trazia à superfície um mal-estar que avançava dentro de mim havia alguns anos.

Naquele verão, não me aguentava de pé, tinha contínuas crises de pânico. Foi precisamente então que morreu uma pessoa importante, a quem eu estava muitíssimo ligada: a minha avó materna. Tinha 97 anos e já dependia de mim em todos os sentidos. Aquela perda agudizou enormemente o meu estado de espírito, já balançando entre a normalidade e a rejeição de tudo. Nunca saía só, não dirigia e tinha emagrecido muito. Nem sequer conseguia dedicar-me àquilo de que mais gostava, ao teatro e ao cinema, por exemplo. Estava como que paralisada.

Tratavam-me por tentativas, pois nenhum médico compreendia que mal obscuro estaria a devorar-me. Até que alguém levantou a hipótese de um tumor no cérebro: fui submetida a mil exames, nem quero recordá-los... Passei anos escuros. Anos, não dias, durante os quais me limitei a vegetar. Até que encontrei um médico especialista em doenças mentais, que finalmente reconheceu a minha depressão tal qual era e me prescreveu alguns psicofármacos.

Ao cabo de alguns meses, a minha saúde melhorou e em um ano saí da crise. Aquela escuridão tinha-me mantido presa durante quatro anos. E, depois, aconteceu algo de extraordinário: comecei a sentir uma segurança que tinha perdido completamente. E fui trabalhar, pela primeira vez na minha vida.

Depois do casamento, tinha ficado sempre em casa ocupando-me dos meus três filhos, da minha avó e de um marido amado e exigente, que pedia atenção à casa e à sua figura. Nunca teria sido capaz de coordenar tudo e, ao mesmo tempo, dedicar-me ao trabalho.

Em 1981, porém, logo após minha crise, verificou-se uma circunstância especial e decisiva: o meu tio, irmão do meu pai – com quem tinha vivido depois do regresso de Auschwitz –, nunca tivera filhos e não sabia a quem deixar a empresa da família, uma pequena fábrica de tecidos fundada pelo meu avô em 1897. Ele já tinha 83 anos e, se eu não tivesse tomado o seu lugar, o meu tio teria encerrado a atividade.

Comecei a ir ao escritório todas as manhãs, intimamente vaidosa e contente: era uma mulher de cinquenta anos, que nunca trabalhara na vida e se sentia como uma garotinha no seu primeiro emprego. E eu não percebia nada de nada.

Mas a aprendizagem daquele trabalho ajudou-me muitíssimo, pois foi uma das maiores sortes da minha vida. Permitiu manter-me ocupada: os filhos estavam grandes, o mais velho já tinha saído de casa e a vovó falecera. Os compromissos da minha vida privada tinham diminuído notavelmente e, durante a minha doença, eu constatara como era perigoso ficar em casa o dia todo voltada sobre mim mesma. Por isso, comecei a ir regularmente ao escritório, voltei a dirigir e senti-me muito mais forte. Eu havia tocado o fundo do poço, tinha sido vítima daqueles ataques de pânico que me incapacitavam e, agora, tornara-me uma pessoa diferente, ocupadíssima, sempre fora de casa. O meu tio, apesar da idade, ajudou-me muito nos cinco anos que ainda viveu. Faleceu em 1986, aos 88 anos. Era o último da família Segre: foi outra separação fortíssima.

Pouco a pouco, reconheci as forças que se tinham agitado dentro de mim durante o período da depressão: a minha infância e tudo que, dessa infância, trouxera

comigo trabalharam em mim sem que disso me aperce-
besse inteiramente.

Quando me casei, aos vinte anos, consegui afugen-
tar aqueles pensamentos. Era imenso o vazio deixado
pelo meu pai e pelos meus avós paternos, mas a minha
vida de jovem mulher e jovem mãe era tão feliz e totali-
zante que me permitia relegar o passado para um canto.
Dizia-me continuamente: "Chega! Agora, quero viver a
minha vida, quero ser uma mãe como todas as outras".
Tinha visto que o meu corpo funcionava normalmente: tendo comido durante tanto tempo aquela sopa que
pareciam pôr bismuto para interromper a menstruação
das mulheres, não sabia se as minhas funções biológicas
teriam permanecido intactas e se, no futuro, poderia ter
filhos. Mas, ao contrário, descobri que era igual a todas
as outras mulheres, capaz de viver e de dar a vida, e eu
queria desfrutar daquela vida: era um dom que se reno-
vava todos os dias, era a relação com o meu marido, que
foi sempre muito importante e belíssima. Só isso contava naquele momento: a memória de Auschwitz devia ser
enterrada bem fundo e desvanecer-se.

Pensamentos que eram necessários, mas tão ingênuos. Auschwitz não se apaga. Auschwitz trabalha dentro de quem lá esteve. Sempre.

No período da depressão, passava muito tempo na cama, mergulhada na solidão e no escuro, sem conseguir ler nem me comunicar com ninguém. E, inevitavelmente, fui assaltada por todas as recordações que, durante mais de trinta anos, tinha colocado depois de todas as coisas: dos filhos que acompanhava nos estudos, da vida cotidiana à minha volta e da assistência a minha avó.

Experimentei escrever as minhas memórias da deportação, mas não consegui, não como teria querido saber escrever: muitos outros o tinham já feito tão bem, antes de mim.

Então, de que modo testemunhar?

A resposta chegou depois de um encontro determinante com Goti Bauer, outra sobrevivente.[3] Fomos apresentadas por uma amiga comum, encontramos uma infinidade de afinidades e ela, que já testemunhava em público, disse-me um dia: "Liliana, é uma coisa que também você deve realmente fazer, somos tão poucas...". E expôs-me todas as motivações que, certamente, também

---

[3] Goti Bauer, nascida em 1927 na Checoslováquia, morava em Fiume. Presa em Cremenaga, na província de Varese, no dia 2 de maio de 1944, foi deportada do campo de Fossoli para Auschwitz-Biskenau, a 16 de maio seguinte. No campo, ela e Liliana Segre nunca se encontraram. Foi libertada em maio de 1945. Goti Bauer foi durante muito tempo uma das sobreviventes mais disponíveis para testemunhar a sua experiência em público. Há algum tempo se encerrou no silêncio por razões privadas. O seu testemunho encontra-se no livro de Daniela Padoan, *Come uma Rana d'inverno* (op. cit.) e *Voci della* Shoah (op. cit.).

eu encontraria, se conhecesse uma testemunha da *Shoah* mais jovem que eu, o que, penso, seria impossível...

Um dia, Goti levou-me à casa de uns amigos seus, a família Pavia, que tinha o costume de organizar pequenas mesas-redondas para discutir sobre livros e diversos temas. Naquele dia falava-se da *Shoah*. Quando ouvia conversar sobre este assunto nas salas de visitas ou em grupos de pessoas, em geral nunca intervinha, ficava bloqueada, embora, quando me chegava aos ouvidos algum disparate muito grande, eu dissesse timidamente: "Não, isso não é verdade", mas imediatamente me fechava porque não estava preparada para falar disso. Mas, ali, falei pela primeira vez.

Quando Goti Bauer acabou, alguém me pediu para falar e, um pouco ajudada por ela, um pouco pela situação – ambiente judeu, atmosfera tranquila –, lembro-me de que, a custo, comecei a dizer coisas que até então nunca tinha articulado em palavras. Logo depois, em casa, pensei que até nem tinha sido assim tão terrível. Teria falado mais ou menos dez minutos.

Por isso, podia testemunhar. Era capaz de fazê-lo. Mas aquela ocasião serviu-me para esclarecer outra exigência minha fundamental: não me interessava contar a minha experiência nas salinhas de estar, a senhoras idosas como eu. "Não pertenço a nenhum partido político nem a nenhum grupo – dizia a mim mesma –, a quem poderia propor-me como testemunha da *Shoah?*".

E pensei em algumas amigas que eram professoras: o desejo de dirigir-me aos adolescentes foi quase instantâneo. O meu segundo filho, com o qual tenho mais afinidades, ocupou-se sempre de política e, quando vivia em casa conosco, convidava muitas vezes, depois do jantar, grupos numerosos de amigos. Eu observava com curiosidade esses jovens e, algumas vezes, conversava com eles: eram aquelas pessoas a quem eu queria falar de Auschwitz. Não mais que isso. Os adultos interessavam-me como interlocutores somente enquanto educadores; por isso, dirigir-me-ia aos jovens e aos seus docentes.

Elaborei tudo isso sozinha, sem dizer nada ao meu marido. Só o anunciei em família quando me sentia já decidida a pôr-me em ação, sem possibilidade de arrepender-me: "Seja qual for a opinião de vocês – disse um dia aos meus familiares –, sinto que, aos sessenta anos, já não posso esperar mais. Não tenho mais tempo. Quero tornar-me uma testemunha da *Shoah*". Lembro-me dos seus olhares espantados: "De que você foi lembrar agora!". "Tenho de fazê-lo, absolutamente. Não estou pedindo a opinião de vocês. Vou fazer e pronto."

E aconteceu que também eles foram me ouvir. Uma vez, vislumbrei a minha filha nas últimas filas, e o meu marido acompanhou-me em três ou quatro ocasiões. Mas não desejo a sua presença nem a dos meus dois filhos, já adultos e pais também eles. Frequentemente se oferecem para ir comigo, mas prefiro que outros me acompanhem, porque, das poucas vezes que me escutaram, pude ver com que sofrimento seguiam o meu testemunho, com que tristeza nos olhos saíam de lá. Não é justo que sofram assim. Aliás, o meu marido chora durante todo o tempo. Diante dele não me sinto livre para falar; talvez se comova tanto por sermos os dois velhos. Se tivesse começado a falar aos trinta anos, quando ele tinha quarenta, talvez a sua sensibilidade estivesse menos vulnerável...

Quando volto para casa depois de um encontro numa escola, encontro-o na porta à minha espera, e pergunta-me como foi; eu respondo sempre que me saí bem, por vezes, muitíssimo bem. Ele quer conhecer os pormenores, "não, conte-me exatamente". E, ainda hoje, ele e os meus filhos se preocupam muito comigo: "Não diga que sim a todos os convites, testemunhe menos, vá somente quando estiver segura do ambiente...". Têm sempre grande ansiedade com o meu equilíbrio psíquico, com o meu cansaço físico, porque chego ao fim do ano letivo esgotada. Raramente acontece alguma situação desagradável, porque sou muito sensível a qualquer atitude; e, quando falo da minha experiência no campo de concentração, tudo me fere e pode perturbar-me.

Assim, timidamente, comecei a propor-me numa ou outra escola, esclarecendo que não queria que me pagassem e que não entraria em questões políticas. Inicialmente, eram pequenos grupos, com os quais conseguíamos arranjar um amplo espaço de tempo para as intervenções e as perguntas. Por vezes, transformava-se num diálogo interessante, interrompiam-me durante o testemunho, permitindo deter-me mais em uns pormenores que outros. Agora, sigo uma linha contrária: só vou falar a escolas onde estejam presentes trezentos a quatrocentos jovens.

Na realidade, agradar-me-ia mais testemunhar diante de uma turma de cada vez: haveria a oportunidade de aprofundar o assunto, mas já não tenho tempo; sinto que as minhas forças diminuem cada vez mais todos os anos e que os dias passam tão depressa... Tenho de conseguir falar ao maior número possível de estudantes. No ano passado, por exemplo, recusei o convite de um liceu nos arredores de Milão, porque estariam presentes apenas cento e cinquenta estudantes: "São muito poucos – expliquei –, porque estou bem cansada".

Durante o ano letivo tenho, em média, um encontro por semana. É muito, não consigo mais. Todas as vezes, depois de ter falado, tenho de me reconstituir: saio de lá vencida pelo cansaço físico e psicológico, e desejaria que ninguém me dirigisse a palavra. Gostaria de estender-me ali mesmo no chão, como um cão, e poder ficar em paz. Mas, a maioria das vezes, ainda tenho de atender alguém e, depois, voltar para minha casa. Por isso, preciso organizar os encontros com ritmos e intervalos compatíveis com o meu estado de espírito. Também me convidaram para ir a lugares distantes, a Nuoro e a Matera, por exemplo, mas tive de declinar. Não posso deixar o meu marido só em casa nem levá-lo comigo, até porque ainda trabalha.

Lembro-me da primeira vez que falei a um grupo numeroso: eram quatrocentas alunas das Irmãs Marcelinas, em Milão. Quando me comunicaram quantas eram, senti-me devorada pela ansiedade, porque até então nunca tinha ultrapassado os setenta estudantes. Mas correu tudo bem.

E, desde aquele momento, tem sido um incessante "passo a palavra" nas escolas: uma das minhas noras, que é professora, fez com que me convidassem para o seu instituto sem revelar que sou sua sogra; uma amiga minha, Rita Sidoli, professora na Universidade Católica, introduziu-me lá e com os anos foi nascendo uma grande sintonia com o professor Giuseppe Viço, catedrático de Pedagogia Geral, e com Milena Santerini, docente da mesma matéria.

Para o primeiro Dia da Memória, em 2001, pediram-me que levasse o meu testemunho ao Conselho Comunal, diante do Presidente da Câmara Albertini, do Presidente da província e de expoentes de todos os partidos. Fui à televisão levada por Maurizio Costanzo, pedindo que me inserisse num painel monotemático sobre a *Shoah*: nunca teria podido falar de Auschwitz na companhia de humoristas e animadores. Em suma: tornei-me uma testemunha, uma personagem pública. Agora, sou contatada por tanta gente que até já penso em mudar de número de telefone.

"O que você pensa de Israel e dos *skinheads?*"

Reviver constantemente uma página tão dramática não é um processo automático. Sou a primeira a perguntar-me, a cada vez, o que farei para conseguir novamente contar sobre Auschwitz. No início, há uma fase de aceitar o convite: é sempre difícil dizer "Sim, vou", mesmo quando fui eu quem procurou esse compromisso, pois ninguém me impôs. E, no entanto, cada vez que me convidam, examino, esmiúço muitíssimo, sobre tudo: quantos jovens são, se foram preparados, a que hora. Faço mil perguntas. Quando me convidam de um dia para o outro, nunca vou, mesmo que esteja livre: que preparação poderão ter aqueles estudantes? E, de todas as vezes, espero que o ambiente me seja favorável, que não apareçam jovens barulhentos nem professores retardatários: custa-me muito falar, quando não recebo atenção e silêncio totais. Vou sempre até o fundo, mas com uma grande fadiga de que gostaria me fosse evitada.

Depois de ter aceitado, assalta-me sempre a mesma dúvida: conseguirei falar? Procuro dar força a mim mesma, repetindo que a voz nunca me falhou, no ano anterior, no mês passado, nem na semana pretérita; por que haveria de faltar-me precisamente desta vez? E, depois, quando começo a falar, eis que se me apresenta o problema oposto: a determinada altura, tenho de conseguir acabar. Tenho de cortar o meu longuíssimo discurso. Torno-me quase ininterrupta.

As perguntas dos jovens são quase sempre iguais: "Mas como fez para sobreviver naquelas condições? O que pensava quando estava em Auschwitz? Como conseguir aguentar-se? Nunca desejou vingar-se?". Os mais novos espantam-se com o fato de eu nunca ter achado nenhuma pessoa boa no campo de concentração, e muitos têm curiosidade em saber sobre as relações entre as prisioneiras.

Infelizmente, as minhas respostas desiludem sempre: nunca encontrei ninguém bom porque os carcereiros do campo eram voluntários e nunca teriam escolhido aquele trabalho se fossem bons. E não havia solidariedade nem amizade entre os prisioneiros, exceto em casos raríssimos.

Alguns querem saber sobre as experiências pseudocientíficas realizadas em prisioneiros-cobaias, mas neste gênero de perguntas ou pedidos vejo sempre uma ponta de morbidez. Como quando encontro garotinhas cheias de tatuagens e *piercings* que vêm pedir-me: "Mostre-me o seu número no braço". Eu digo: "Não. Não o mostro. Acredite que eu tenho, mas não é importante que eu o mostre para você acreditar".

Quando falava a cada uma das turmas, o tempo do meu testemunho era igual ao tempo das perguntas, e isso permitia que me detivesse nos pormenores e contasse episódios que agora, perante grupos tão numerosos, sou obrigada a deixar de lado.

Os pormenores sobre o campo de concentração e sobre o meu regresso são muitíssimos. Por isso, que fazer para resumi-los todos? Os furtos entre nós, prisioneiras, as canções nostálgicas, o concerto inventado pelos nossos perseguidores no dia anterior à seleção... Se der demasiado espaço aos pormenores, arrisco-me a penalizar uma história geral na sua *consecutio temporum* [sequência temporal]; por isso, não é possível deter-me em pormenores.

Alguns estudantes fazem perguntas que poderiam ser dirigidas a qualquer pessoa, mesmo que não tenha estado em Auschwitz. Perguntam-me o que penso da indiferença atual, porque no meu testemunho dou sempre grande ênfase ao discurso da *zona cinzenta*, ao fato de as pessoas terem deixado de nos cumprimentar na rua depois da proclamação das leis raciais. Por vezes acontece que os jovens investem-me com um poder moral enorme, como se a minha experiência fizesse de mim um ser superior, capaz de formular soluções iluminadas a quaisquer dilemas da existência. Isto me desagrada, porque não é a dimensão exata: a minha experiência é especial, sim, mas eu sou uma pessoa como as outras. Muitos dos homens especiais que viveram essa experiência especial e a solucionaram, acabaram por se suicidar. Penso em Primo Levi, em Jean Améry[4] e nos outros intelectuais de Auschwitz que não aguentaram a recordação.

E há outra categoria de perguntas relacionadas à atualidade. Frequentemente, ouço perguntarem-me: "O que você pensa dos *skinheads*?". Ou, pior, querem conhecer a minha opinião sobre tudo o que hoje acontece em Israel e questionam-me com ar provocador, como se quisessem estabelecer um nexo entre a *Shoah* e o que está acontecendo no Oriente Médio. Quando percebi que insistiam em fazer-me perguntas e pedidos desse gênero, comecei a deixar claro, logo no início das minhas intervenções, que apenas responderia a perguntas e pedidos unicamente relativos ao meu testemunho. Não vale a pena arriscar um debate sobre Israel partindo de Auschwitz, pois são dois momentos históricos que não

---

[4] Jean Améry (pseudônimo de Hans Mayer), que nasceu em Viena em 1912, filósofo, judeu não praticante, emigrou da Áustria para a Bélgica em 1938 para fugir à perseguição. Mas, em 1943, foi preso e deportado para Auschwitz-Monowitz. Tendo sobrevivido ao campo de concentração, suicidou-se em 1978, em Salzburgo. O seu texto mais importante é *Intellettuale ad Auschwitz* (Turim, Bollati-Boringhieri, 1987). Primo Levi dedica-lhe um capítulo de *Os afogados e os sobreviventes*, que conclui com estas reflexões: "Talvez porque mais jovem, talvez porque mais ignorante que ele ou menos marcado ou menos consciente, quase nunca tive tempo para dedicar à morte; eu tinha muitas outras coisas em que pensar, em encontrar um pouco de pão, em fugir de um trabalho massacrante, em remendar o calçado, em roubar uma vassoura, em interpretar os sinais e os rostos à minha volta. Os objetivos da vida são a melhor defesa contra a morte; e não só no campo de concentração". No dia 11 de abril de 1987, também Primo Levi se suicidaria.

têm nada em comum. E, depois, não me sinto diferente de qualquer outra pessoa da minha idade que olha para a televisão e lê os jornais: a minha opinião sobre a atualidade não conta nada. Não mais do que a de qualquer outro. Por vezes, pego-me a citar episódios dos anos 1970 e 1980, pormenores da crise do Oriente Médio sobre os quais eu não estou informada: não tenho nenhuma cultura política sobre o conflito israelense-árabe. É verdade que não tenho.

O que fica

Há dias em que, não o escondo, saio profundamente desiludida com os jovens e os professores. Nunca é uma razão para deixar de testemunhar, mas sinto-me mal. Gostaria de receber respeito absoluto, não para mim mesma, mas para minha enorme vivência que, de algum modo, representa a vivência dramática de milhões de pessoas. A maior parte das quais não sobreviveu para contar.

Na primavera passada,* tive a última conferência do ano letivo em Saronno, sempre para algumas centenas de estudantes. Eram adolescentes da escola

---

* Neste livro, o passado imediato refere-se a 2004. (N.T.)

preparatória, e eu não lido muito bem com gente tão nova. Receio perturbá-los demais ou que não estejam suficientemente preparados para ouvir-me. Mas, daquela vez, o pedido viera de uma pessoa conhecida a quem não pude dizer não.

Quem presidia – a dona da escola – nem sequer me apresentou.

Havia muitos professores na sala, mas intuí, das perguntas dos alunos, que a preparação fora escassa e superficial: poucas intervenções, todos muito genéricos, não sobre o específico da *Shoah* nem do meu testemunho. Percebo imediatamente quando tenho diante de mim pessoas que leram livros sobre o tema, gente que se informou: as perguntas são diferentes, estimulantes. Do contrário, só chegam observações estúpidas ou – pior – curiosidades muito pessoais sobre a religião judaica, sobre a relação com o meu pai... Não posso expor-me, entrando demasiado na minha esfera íntima.

Em suma: daquela vez em Saronno, depois das perguntas frustrantes dos alunos, concluí ironicamente: "Bem, despeço-me de vocês e agradeço, embora me desagrade que nenhum dos professores presentes tenha sentido o desejo de me fazer alguma pergunta. Mas talvez já saibam tudo sobre a *Shoah*". Então, levanta-se um deles e pergunta-me: "Mas a senhora, que se apresenta

SOBREVIVEU A AUSCHWITZ

sempre como avó, o que conta aos seus netinhos: historinhas ou esta história do campo de concentração?".

Fiquei petrificada, não tanto pela pergunta estúpida, mas por aquele tom pateta e papagueante, como se me dissesse: "Toma lá, velha idiota, um presentinho!". Às vezes, quando chego ao fim do meu relato, sinto que o ideal seria o silêncio, para poder ir embora lamber as minhas feridas entre as minhas coisas; mas, não, esforço-me e mantenho-me lá porque o debate pode ser interessante... Quando o resultado é este, não posso deixar de interrogar-me: mas quem mandou fazer?

É só um exemplo. Na verdade, já recebi mil provas de que o meu testemunho interessa e lança raízes tanto entre os jovens como entre os professores. No ano passado, a *Shoah* Visual History Foundation de Steven Spielberg convidou-me para ir a Roma, porque dezenove estudantes do liceu Tasso tinha escolhido para defesa de tese o meu testemunho, dentre os quatrocentos reunidos na Itália pela Fundação, no seu imponente arquivo visual. Na Universidade Católica falo todos os anos às estudantes de Pedagogia, as educadoras de amanhã, e diante de tantas jovens mulheres repete-se em cada encontro uma atmosfera muito intensa, uma empatia forte. Há uns anos, em Bolonha, havia sete mil adolescentes de mais de cinquenta escolas a ouvir-me em silêncio.

São resultados importantes. Significa que se pode realizar aquilo porque me empenho: quem ouve uma testemunha torna-se, por sua vez, testemunha da *Shoah*.

E muitas vezes é o olhar daquele rapaz, uma simples carta ou uma redação, que me presenteia com algo de único e importante. Como aquela menina que encontrei numa segunda-feira de abril. Foi no ano passado. Eu tinha de falar aos estudantes de Trezzo d'Adda, logo à saída de Milão, num cinema; foi buscar-me o vice-presidente da câmara. Era a primeira vez que o via, mas durante a viagem compreendi que tinha lido muitíssimo sobre a *Shoah*.

Com ele estava a filha Martina, uma menina muito bonita, de óculos, trancinhas, bem magra. Quando me disse que tinha dez anos, fiquei um pouco aflita. "É muito pequena, fico ansiosa ao falar diante de uma menina dessa idade". Mas o seu pai procurou tranquilizar-me: "Ela queria tanto conhecê-la – disse-me – e, depois, não se preocupe: Martina devora livros desde os três anos; interessa-se muito pelo tema da *Shoah*; também a levei para visitar a Risiera di San Sabba".[*]

---

[*] Risiera di San Sabba [=Arrozeira de San Sabba, Trieste]. O complexo de uma fábrica de descasque de arroz que se tornou tristemente famosa por ser o único campo de extermínio em território italiano. (N.T.)

De fato, conversando mais com ela durante a viagem de ida, vi que era uma menina esperta, inteligente, informada, mas não uma pequena sabichona e petulante: muito querida, realmente. Tinha lido toda a obra de Emilio Salgari e tinha batizado o seu gato de Yanez, como o companheiro de Sandokan.* Perguntei-lhe o que havia para ver em Trezzo d'Adda e ela falou-me da central elétrica, do castelo...

Entramos no cinema e, infelizmente, tive durante todo o tempo luzes muito fortes nos olhos e, normalmente, tiro os óculos para sentir os jovens mais próximos de mim. Por isso, não vi Martina durante o testemunho e pensei: "Melhor assim". No fim, pai e filha voltaram a acompanhar-me a Milão. E, dessa vez, Martina ia muda. Eu conversava com o pai.

"Martina, não te ouço", eu disse a certa altura, com meiguice. E ela calada. "Martina, não quer fazer um comentário sobre o que ouviu?". Calada. Depois de uma longa pausa, falou. E disse simplesmente: "Obrigada".

Achei uma coisa extraordinária: uma menina que, das mil coisas que poderia dizer – coisas banais, um

---

* Trata-se de um dos quarenta autores italianos mais traduzidos, apesar de sua obra ter sido ignorada pela crítica. Dentre ela se destaca as aventuras de Sandokan, um pirata, herói de uma série de onze aventuras que tinha como companheiro inseparável Yanez De Gomera, um português aventureiro, que era apaixonado por Marianne, uma bela órfã. (N.E.)

comentário qualquer ou inteligente –, opta por dizer apenas obrigada...

Eu desejava amenizar a situação, não queria despedir-me assim e deixar aquela menina tão perturbada. Procurava um tema de conversa, e como ela, na ida, tinha falado do seu irmãozinho e de como era preguiçoso na leitura, e, por isso, ela todas as noites lia para ele algum livro a fim de aculturá-lo um pouco, perguntei-lhe: "Fale-me mais dele. Como se chama, por exemplo?".

Martina não respondia. Foi o pai que, por fim, quebrou aquele silêncio que tanto mal-estar me causava: "Sabe, ela não tem coragem de dizer porque o seu irmãozinho chama-se Alberto. Como o pai da senhora...".

Eu estava cansada e, talvez, ela estivesse ainda mais, porque uma menina que, aos dez anos, entra tão profundamente no espírito do meu testemunho deve ser deixada tranquila durante algum tempo.

III
"ESCOLHI A VIDA"

"A hora da liberdade soou grave e fechada."

Primo Levi[1]

Voltar para casa depois de uma viagem pela crueldade humana não é uma libertação. Uma cama cômoda, a mesa posta, um banheiro para lavar-se são realidades incomensuráveis para o abismo de que se acabou de emergir, mas não servem para apagá-lo.

Uma normalidade tranquila que substitui o absurdo tem um poder quase perverso: faz detonar o vazio deixado pelos entes queridos, que ficaram para além dos portões de Auschwitz. E a surdez das pessoas em volta, sem culpa da sua incapacidade de abeirar-se de um evento único como a *Shoah*, parece uma pena acessória injusta. Um fruto, mais suave mas igualmente insuportável, da solidão do prisioneiro.

---

[1] LEVI, P. *A trégua*, op. cit.

Liliana Segre regressou a Milão no dia 31 de agosto de 1945. Reencontrou os tios e os avós maternos que, escondidos, tinham conseguido fugir da deportação. Ela ainda não tinha quinze anos.

Os seus sonhos, depois do regresso, não foram atormentados pela chamada matutina do campo – "*Wstawać*", "Levantar" –, como aconteceu a Primo Levi, que o conta na última e arrepiante página do livro *A trégua*.

Mas nela continuou aquele processo de endurecimento, de isolamento interior, que a tinha tornado transparente no campo de concentração e que – talvez: não há uma resposta – lhe permitiu sair dele.

Até que um fato extraordinário – o amor, seguido da primeira maternidade – lhe mostrou que a vida é tão poderosa que é capaz de refluir límpida e intacta de qualquer tragédia, até mesmo da *Shoah*.

Uma intuição que já tinha atravessado a sua mente no mais profundo do aniquilamento, quando aquela *menina-nada* de trinta e dois quilos não tinha apanhado a pistola do chão para disparar contra o oficial nazista que vestia as suas roupas civis. Não tinha aproveitado a ocasião para libertar o ódio e a violência de que se tinha alimentado.

Uma opção de vida que tomava forma mesmo naquele momento impossível.

Antes de rever os lugares transfigurados da infância, também Liliana Segre passou através da sua trégua: a convalescença depois da infecção do corpo e da alma, sem a qual – sublinha – nunca teria sido capaz de enfrentar a enormidade de um leito cômodo, de uma mesa posta e de um banheiro para se lavar, e olhares que, embora limitados, eram humanos, todos voltados para ela.

A sua descrição da viagem às avessas parte daqui: dos quatro meses sem tempo nem espaço que se seguiram a Auschwitz e à *marcha da morte*, passados na Alemanha derrotada e ocupada pelos aliados. Quando ela, adolescente, se descobria capaz de se surpreender diante da tepidez primaveril e de um campo que finalmente só lhe oferecia cores e frutos.

* * *

Ébria de liberdade

Havia tempo que perdera todas as coordenadas geográficas e eis-me repentinamente livre naquela estrada alemã. Se eu tivesse tido um mapa e sido capaz de marcar um ponto para dizer "estou aqui", teria pelo menos consciência do espaço e do meu corpo. Mas eu só sabia que estava a Norte. Mesmo quando atravessei cidades muito conhecidas, como Leipzig, por exemplo, a minha ignorância era total. Depois, durante anos estudei os mapas para procurar reconstituir a minha longa caminhada. Mas quando me encontrei livre naquela estrada – e é uma sensação inimaginável perceber instantaneamente que todo aquele período terrível estava encerrado – não sabia o que fazer de mim.

Liliana Segre com o pai, em 1939, durante férias em Macugnaga, no sopé do Monte Rosa. Cinco anos depois seriam deportados para Auschwitz.

O casamento dos pais de Liliana, Alberto Segre e Lúcia Foligno, em abril de 1929, na sinagoga de Milão. A mãe morreria dois anos depois.

Liliana Segre com o pai, em agosto de 1937.
Estão em férias em Colle Isarco, no Alto Adige.

Os avós paternos de Liliana, Giuseppe e Olga (o segundo e a terceira a partir da direita), em 1936. Liliana e o pai viviam com eles.

1943: o avô tem doença de Parkinson, mas, alguns meses depois, será deportado para Auschwitz nessas condições.

Outra imagem de Liliana Segre com o pai Alberto, em 1937. Separaram-se para sempre a 6 de fevereiro de 1944, na *judenrampe*, a estação de chegada dos judeus ao campo de concentração polonês.

Julho de 1943: Liliana passa as férias em Valtellina. É o último período tranquilo da sua infância. Poucos meses depois, ela e o pai serão presos.

Liliana em 1948, com quase dezoito anos. Precisamente nesse verão, em Pesaro, encontra o homem com quem se casaria em 1951.

Uma foto de 1947, no imediato pós-guerra.
Liliana estuda no liceu clássico e sonha tornar-se jornalista.

Liliana com o primeiro dos seus três filhos, nascido em 1953. Chama-se Alberto, como o avô morto em Auschwitz.

Liliana e o marido Alfredo.

O último netinho, Fillipo, nascido em janeiro de 2004.

Eu estava ali, no meio de uma confusão total. Sentia o desmembramento de um mundo que desabava peça a peça, minuto a minuto, cansada de um cansaço que era a soma de todos os cansaços. Arrastava-me sem saber para onde ir, o que fazer, a quem pedir indicações. Havia um mundo inteiro naquela estrada, e eu não conhecia nenhum dos rostos que o povoavam.

Caminhei ainda um pouco, livre, até que à beira da estrada reconheci uma garota polonesa que fora prisioneira comigo pouco antes. E com as pouquíssimas palavras da sua língua que eu tinha aprendido em Auschwitz, perguntei-lhe se tinha visto as francesas do campo de Malchow, o último campo de concentração onde eu estivera presa. De fato, quando tinha chegado a ordem de evacuação, uma sequência de acontecimentos colocou-me no meio de um grupo de prisioneiras francesas, com os quais eu já havia convivido porque conhecia algumas palavras da sua língua. A garota polonesa respondeu-me: "Sim, as francesas estão aqui, dentro desta fazenda".

Naquele momento, cada um procurava juntar-se ao grupo com que tinha estado antes, não havia outra coisa a fazer.

Entrei naquela fazenda e lá encontrei também os jovens soldados franceses ex-prisioneiros, aqueles que nos tinham dado notícias sobre o fim da guerra, quando nos encontramos em Malchow. Tudo isso acontecia a poucos quilômetros do último campo, porque, depois da evacuação, só tínhamos percorrido um pequeno trecho a pé. Nos dias da fantástica embriaguez moral, aqueles jovens tinham visto passar as garotas francesas e esperaram por elas. E eu uni-me ao grupo, numa atmosfera que agora é difícil descrever. Não era felicidade. Era uma embriaguês sem álcool.

Passamos esse primeiro período cantando a *Marselhesa*. Eles tinham comida, porque os donos da fazenda haviam fugido às pressas, deixando a casa como estava. E foi esta a primeira vez que eu comi depois de tempos infindos: não comia uma refeição decente desde antes da minha prisão. Na realidade, nem naquela noite pude fazê-lo, porque meu estômago não aguentou uma quantidade normal de comida.

Lembro-me de que os franceses me deram uma fatia de pão coberta de óleo, com uma sardinha em cima, e eu comecei a mastigar devagar. Aquele pão untado, embebido totalmente em óleo, era algo fantástico. Mas não consegui acabá-lo, era impossível. Naqueles dias, morreram muitas pessoas porque se atiravam à comida: o estômago, após longa fome, não suportava tanta abundância.

Naquela noite, entre canções de felicidade e o sentimento da loucura que emanava da consciência de estarmos livres, dormi com uma garota belga, Renée, em cima de um catre coberto de folhas, uma cama de campanha que me pareceu maravilhosa. Lembro que também tomei banho debaixo de uma torneira ao ar livre: era primeiro de maio e a noite estava quente.

Na manhã seguinte, quando acordei, vi que entre mim e Renée dormia um soldado francês que seguramente havia estado muito juntinho da minha companheira durante a noite. Eu não me apercebera de nada, pois tinha desabado sob o peso de um cansaço espantoso. No entanto, à época, eu era de uma ingenuidade que às vezes hoje me parece incrível; não tanto pela minha pouca idade, porque havia coetâneas minhas muito menos espertas do que eu, mas principalmente pela educação que tinha recebido em família. Eu era de tal modo ingênua que poderia ter-me acontecido qualquer coisa e não me teria apercebido do perigo; talvez por isso é que nunca me aconteceu nada, e sempre me respeitaram.

Quando eu era prisioneira, os SS nem sequer olhavam para nós nesse sentido. Como já disse, as leis de Nuremberg proibiam os arianos de juntar-se com mulheres de "raças inferiores". Mas nem depois, quando já livre, me aconteceu nada: era como um arminho que podia saltar na lama sem sujar-se.

Mais tarde, voltei a pensar naquela noite e compreendi que Renée tinha sido feliz por ter tido imediatamente, no mesmo instante em que soava a liberdade, a sua noite de amor. Era a explosão de uma juventude que retomava os sentidos depois de um longo entorpecimento forçado.

Não saberia descrever com precisão o meu estado de espírito naqueles dias. A minha consciência de estar viva era extraordinária e sobrepunha-se a todas as outras sensações.

Se readquirir a liberdade é uma emoção fortíssima que sacode profundamente mesmo quem sai da cadeia passados muitos anos por ter feito algo de mal, imagine o que sente quem foi punido e humilhado sem ter feito nada: torna-se de repente outra pessoa, finalmente sabe que a porta está aberta e pode ir para onde quiser. É um pouco como atirar ao ar os pauzinhos do jogo de varetas e vê-los cair no chão uns em cima dos outros, caoticamente. Pouco a pouco, comprimi-se a ponta de um e puxa-se com atenção; depois outro e mais outros, até que todos voltam ao seu lugar, alinhados e em ordem. Em volta de mim, tudo era caos, mas todas as coisas estavam voltando ao seu lugar. Eu estava muito feliz: em mim não havia espaço para aqueles pensamentos angustiantes que chegaram depois, batendo à minha porta todos juntos.

Passamos na fazenda dois dias, suspensos no tempo: os soldados franceses eram pelo menos quinze, e as ex-prisioneiras sete, francesas e belgas. Eu era a única italiana.

No segundo dia, o oficial dos jovens franceses lançou uma proposta: "Vamos fazer-nos convidar para almoçar pelo prefeito desta terra". "Mas vamos entrar numa casa alemã?" "Tem de ser", respondeu ele. "Aqui não há alimentos para vinte e duas pessoas e nós temos de comer". Então, todo o grupo, e eu atrás – como um cachorrinho seguindo aqueles jovens todos vaidosos –, apresentamo-nos na mais bela casa da região, da família do prefeito.

Lembro-me de que, quando entramos, veio ao meu encontro um menino louro, muito bonito, que se meteu entre as minhas pernas. Por um instante pensei: "Não deveria sequer olhar para este pequeno alemão, considerando tudo o que aconteceu às nossas crianças nas mãos deles". Mas, ao contrário, era uma criança belíssima, loura, eu gostava dela e não podia fazer-lhe uma grosseria, ainda mais ser violenta. A família estava espantada, odiava-nos: havia duas filhas com as suas crianças e, depois, um senhor e uma senhora, o prefeito e a esposa.

Eram nove horas da manhã, e o oficial francês comunicou-lhes com um tom de comando: "Ao meio-dia, estaremos aqui vinte e dois. Cozinhem batatas, salsichas e chucrute". Eles negavam possuir ainda tanta comida para todos nós, mas o oficial insistia: "Vocês têm, têm. Ao meio-dia estaremos aqui".

Eu tinha medo que nos envenenassem de tão irritados estavam os seus olhares. Ao almoço lá estávamos nós, sentados à mesa com eles, diante de montanhas de batatas e de carne. Naturalmente, pouco ou nada pude comer, mas lembro-me bem daquela rica e barulhenta mesa posta.

Depois, todos os vinte e dois fomos para o meio do campo, onde estava o local da ordenha do leite da fazenda: baldes cheios de leite que estava azedando. Metemos nele a cara, alguns até a cabeça, porque durante a prisão nunca tínhamos visto leite. Na verdade, só uma vez: na fábrica *Union* tinham-nos dado um copinho pouco maior que um de licor, no momento da evacuação de Auschwitz. Era como um viático para a viagem, uma incrível e enorme concessão que marcava o início da reviravolta.

Na fazenda, beber aquele leite com o rosto dentro dos baldes foi um momento muito particular: passar do jejum absoluto para a abundância, sentir-se até obrigado a beber à vontade porque senão o leite estragaria...

Poucos dias antes, eu tinha visto a tropa dos americanos: os jipes e os blindados com a estrela branca pintada nas capotas e nas portas; as fardas impecáveis; os rapazes bronzeados que atiravam chocolates e cigarros às pessoas que estavam lá, fossem quem fossem. Eu tinha apanhado um damasco seco: o primeiro sabor da liberdade. O desfile ia a caminho do comando em Lüneburg, a cidade mais próxima. E, então, um dia os ex-prisioneiros franceses decidiram que devíamos deslocar-nos todos a Jessennitz, porque já deviam ter chegado lá os americanos; assim, os de nós que estivessem doentes

Sobreviveu a Auschwitz

poderiam ser tratados no hospital de campanha. O meu abscesso debaixo do braço ainda estava aberto e, fisicamente, eu estava mal, embora a embriaguês de liberdade me fizesse suportar a dor.

Mas não podíamos ir a pé, eram cerca de vinte quilômetros até Jessennitz, demais para gente debilitada como nós. Naturalmente, não havia meios de transporte; por isso, os franceses, com grande desenvoltura, roubaram um cilindro de estradas, dos que servem para assentar o asfalto. Tinha um reboque, um vagãozinho estreito para onde subimos todos os vinte e um, enquanto o vigésimo segundo guiava. Era uma aventura especial, uma viagenzinha lentíssima, mas como tínhamos todo o tempo, até foi agradável: o campo à volta, o calor do mês de maio, a nossa liberdade...

Os americanos já tinham chegado a Jessennitz no dia anterior. Não sabíamos exatamente o que faríamos lá. Descemos do nosso carro improvisado e esperamos que os soldados franceses, tão espertos, nos dissessem como deveríamos nos organizar.

E também chegou o Exército Vermelho, barulhento e confuso, ao contrário de exército americano que era arrumado e perfeito nas suas fardas. Em comparação – os americanos já tinham montado a cantina de campanha, o hospital e tendas para todos –, aquelas centenas de soldados russos pareciam o *Exército Brancaleone*.* Um cadinho de raças – mongóis, circassianos, russos brancos –, uns com fardas roubadas dos alemães, outros de tronco nu, outros com casacos de peles, outros de colbaque na cabeça; uns cavalgando sem sela, outros num tanque roubado dos alemães, outros, num tanque russo...

Um exército caótico que passou diante de nós a grande velocidade, levantando poeira e gritando: parecia a cena de um filme de faroeste. E pensar que tinham sido precisamente eles que haviam derrotado os alemães, avançando pela Alemanha como selvagens violentos, como também contou recentemente a escritora Helga Schneider no livro *A fogueira de Berlim*:[2] na capital, os russos causaram um verdadeiro desastre, violentando as mulheres e saqueando o que podiam.

E imagino que fizeram o mesmo onde tínhamos estado, enquanto os americanos mantinham sempre aquela sua atitude de povo rico a quem não custa dar

---

* *O incrível exército de Brancaleone* [L'armata Brancaleone], título de um filme cômico-burlesco italiano de Mario Monicelli, de 1966, sobre a Idade Média do tempo das Cruzadas, em que se apresenta um exército de maltrapilhos e miseráveis que seguem Brancaleone – único descendente de uma família nobre arruinada – à conquista de tudo, mas que sai sempre frustrado... (N.T.)

[2] SCHNEIDER, H. *A fogueira de Berlim*. Algés, Difel, 1995.

presentes a toda a gente, seja inimigo ou sobrevivente dos campos de concentração. Para eles, eram todos iguais. Os russos, ao contrário, não tinham nada para dar, eram uns pobretões que roubavam tudo o que encontravam.

Portanto, os nossos companheiros franceses dirigiram-se ao comando americano, que pôs a nossa disposição uma casa abandonada, mas bem conservada, porque os alemães que nela moravam tinham acabado de fugir. Aí passei mais um ou dois dias na sua companhia. Depois, durante quatro dias procurei tratamento no hospital americano, uma pequena enfermaria montada às pressas, mas muito eficiente, onde me administraram penicilina – para mim, uma novidade absoluta –, que curou a minha ferida debaixo do braço. Eram verdadeiramente médicos muito solidários.

A cantina montada ao ar livre pelos americanos distribuía comida continuamente. Cada pessoa podia ir cinco vezes por dia matar a fome, que eles não se importavam: davam de comer em abundância a quem quer que se aproximasse. E eu estava no meio dos que pediam uma refeição quente mesmo cinco, seis vezes por dia, mas só comia pequenas porções de sopa e alguma latinha com carne e legumes. O meu dia corria assim: idas e vindas à mesa.

Os americanos aproveitavam essas tendas onde as pessoas se reuniam muitas vezes para dar notícias sobre os acontecimentos em curso em várias línguas: alemão, francês, inglês e italiano. Não sei quantos éramos, talvez centenas. E eles davam-nos ordens: "Os franceses ponham-se todos ali, os alemães acolá...". Quando também separaram o grupo dos italianos, eu tive de deixar, com grande tristeza, os meus companheiros franceses. Na realidade, eu estava indecisa se me declarava ou não italiana, porque me sentia muito ligada às garotas francesas. Mas pensei: "Não. É melhor ir com os meus compatriotas, talvez nos enviem para casa".

Nunca mais voltei a ver as minhas companheiras francesas desde aqueles dias incríveis: nenhuma de nós tinha papel e caneta para apontar um apelido e um endereço.

Na verdade, naqueles dias nem sequer desejava regressar para casa. Era a trégua, o tempo suspenso e necessário: passar diretamente do campo de concentração à comodidade da minha casa e dos meus afetos teria sido impossível, traumático e desestabilizador. Éramos como astronautas desembarcados na lua e, depois, regressados à terra: não podíamos começar imediatamente a marchar nem a caminhar sozinhos como todos os outros. É normal: tinha a consciência – mais física do que mental – de que estava viva, mas ainda continuava habituada a não pensar, a não aprofundar as recordações, como me tinha imposto fazer durante um ano em Auschwitz.

Também o pensamento do meu pai estava adormecido: nunca tive a certeza de que tivesse morrido nem queria saber.

Encontrei-me numa caserna abandonada, num quartel juntamente com os soldados italianos que tinham sido prisioneiros nos campos de concentração – não de extermínio – nazista. Rapazes fantásticos que, imediatamente, prepararam para mim uma espécie de quartinho pessoal, porque eu era a única mulher e a pessoa mais esquelética nos meus trinta e dois quilos. Tinham muita pena de mim e, com grande solicitude, procuravam cobertores para me aquecer.

Os aliados tinham dividido a Alemanha em zonas. Coube-me ficar sob o comando inglês e comigo estava uma garota de Roma, Graziella Coen: tínhamos trabalhado juntas na fábrica *Union*.

Meteram-nos numa pequena estrutura que tinha sido um campo de concentração, onde comecei a sofrer de febres altíssimas. Muitos de nós estávamos doentes: o corpo reagia à retomada da vida. Mas era horrendo estar de novo num lugar que, embora vagamente, se assemelhava a um campo de extermínio: parecia-nos que havíamos sido novamente metidos na prisão. Passei dias inteiros de cama por conta da febre, e comigo centenas de pessoas.

Depois, fomos levados outra vez para o lado dos americanos que, entretanto, tinham esvaziado as casas dos civis alemães, obrigando-os a ir embora. Estávamos ao longo do rio Elba, numa zona que se chama Lüneburger Heide: uma campina belíssima, rica em frutas e hortaliças. Já eram os primeiros dias de junho. Os camponeses alemães, obrigados a abandonar as suas casas de campo – fazendas de gente seguramente abastada, não como as casas dos caseiros italianos daquela época, muito mais modestas –, também nos tinham deixado os seus quintais cheios de fruta, talvez também de hortaliças e legumes, mas lembro-me sobretudo das frutas. Estava numa terra que se chamava – talvez ainda tenha o mesmo nome – Obermarschacht, e curava as minhas feridas do corpo e da alma mantendo-me deitada todo o dia na horta, colhendo os frutos sem ter sequer de fazer o esforço de me erguer do chão, naquele verão rico de todos os bens de Deus. Levantava a mão, colhia um fruto e enchia o estômago.

Naquela casa, as duas únicas garotas judias sobreviventes éramos eu e Graziella Coen. Depois, havia mais de vinte soldados e oficiais italianos e cinco mulheres eslavas que tinham estado na Alemanha nos campos de trabalho, que, ao contrário de mim e de Graziella – garotinhas ingênuas e muito respeitadas pelos soldados pela nossa triste situação –, "noivavam" com grande facilidade, às vezes, com os soldados da casa. Mas, então, eu, com os meus catorze anos completados em Birkenau, andava de tal maneira ocupada em tratar as feridas do corpo e da alma que não me interessava absolutamente nada pelo que acontecia à minha volta. Os únicos contatos que tinha eram com soldados analfabetos: ajudava-os a escrever cartas. Graziella e eu tínhamos sido dispensadas dos trabalhos domésticos, que eram feitos pelas outras cinco mulheres.

Embora já estivesse engordando, encontrava-me ainda num estado de saúde miserável. Quando os ingleses me pesaram pela primeira vez, eu tinha trinta e dois quilos. Lembro-me daquela consulta médica: quando me perguntaram a idade, eu disse *fourteen*, mas eles escreveram *40*. Eu continuava a dizer *fourteen* e eles olhavam para mim como se eu estivesse louca. Já tinha alguns cabelos brancos e a minha magreza fazia com que fosse impossível eu ser uma garota de catorze anos.

Pouco a pouco comecei a ganhar peso: não fazia mais nada senão comer o dia todo. Os soldados da casa eram rapazes do campo, um era padeiro na sua terra, outro açougueiro e, portanto, retomavam os seus ofícios civis, indo de noite para além do Elba roubar carne de vaca e farinha abandonadas pelos alemães em fuga. Então não existia furto, tudo era tolerado naquela confusão persistente. E como não havia frigoríficos – aliás, parece que nem sequer haveria luz naquele tempo, porque a guerra acabara dias antes e ainda não tinham sido restabelecidas as linhas elétricas; lembro-me de que usávamos lanternas – e era verão, aqueles pedaços de carne eram enormes mesmo para nós que éramos uns trinta; por isso, todos os dias era preciso comer uma quantidade incrível de carne. E o fazíamos de muito bom grado. Os soldados cozinhavam enquanto eu ficava deitada no quintal. Só voltava para casa para comer e para dormir.

Quando me fortaleci, comecei a participar daquele cotidiano. Os soldados eram rapazes muito bons, organizavam recitais e jogos de futebol. Tenho uma recordação muito agradável daquele período: embora estivesse lentamente ganhando consciência do que tinha passado por cima de mim, a sensação de estar viva, de ser jovem, de que o tempo estava bom, de que fazia calor e que o medo se esvanecia, dava-me uma espécie de euforia.

Depois de Auschwitz e da *marcha da morte*, permaneci quatro meses na Alemanha, num limbo sem tempo: tinha saído de uma gravíssima doença e aquela era a minha convalescença. A trégua, dizia eu, em que por detrás do gosto de todas as coisas que comia, até aquelas docíssimas framboesas, ainda estavam os ranços de Auschwitz. Não sabia o que estaria diante de mim: comia framboesas, só o presente era importante. Tudo o que agora estou tentando descrever eram sensações físicas: não havia nada de conceitual, nenhum pensamento definido. Era a reconstrução das forças que eu tinha perdido, havia muito.

No mês de julho, voltaram-me as menstruações que tinham parado em dezembro de 1943: quase dois anos. Também aquilo foi um sinal de que o meu corpo respondia à liberdade e retomava as suas funções.

O comboio do regresso

A determinada altura, começou em todos nós a crescer a ânsia do regresso para casa. Não sabíamos como é que os americanos fariam para levar de volta aquela massa de gente: seiscentos mil soldados italianos, os que, depois de 8 de setembro, não tinham aderido à República de Salò, tinham sido deportados para a Alemanha e para a Polônia para os campos de trabalho. Depois, éramos nós, os judeus resgatados dos campos de concentração. De Auschwitz para a Itália, voltamos 363 pessoas. E, finalmente, os prisioneiros políticos: também eles deviam ser repatriados.

Não nos forneciam muitas explicações, seguramente deveriam ser os oficiais que tinham mais contato com os americanos. Nunca falei pessoalmente com eles: via-os passar e distribuir chocolate, cigarros, pó de ovo e todos os bens de Deus. Sabia que era por mérito deles que, finalmente, comíamos à vontade. Mas não pensava ir perguntar-lhes o que iria ser de nós; deixava-me viver e ouvia o que nos repetiam: "Em breve regressarão".

Depois de meados de agosto, começaram a partir comboios militares de estações não distantes da terra em que me encontrava.

Formigava o frêmito ansioso do regresso, todos se interrogavam quando seria a nossa vez de subir àqueles comboios. Até que um dia percebemos que, a pouca distância, partia um comboio e, então, o grupo da nossa casa foi carregado num carro – sempre meios de transporte ocasionais, viagens que hoje parecem aventuras, mas, na realidade, eram contextos de aldeia em tempo

SOBREVIVEU A AUSCHWITZ

de guerra – e fomos para um apeadeiro onde nos esperava um comboio militar. A gente subia e, só quando o comboio estava cheio, talvez passadas seis ou sete horas, é que partia. As estradas de ferro ainda estavam muito danificadas, mas ninguém tinha relógio nem a sensação de que já era tarde. Era um tempo assim: irreal, nada parecia perturbá-lo.

O comboio arrancou, uma composição muito diferente daquela da deportação, com as janelas abertas e os rapazes sentados com as pernas dependuradas. Um comboio de mercadorias que avançava lentíssimo, enquanto todos cantavam. Não, não me impressionou subir de novo para um comboio nem me fez lembrar a viagem invernal para Auschwitz: a atmosfera era totalmente diferente, outras as cores, outras as expressões nos rostos das pessoas.

Era outra coisa. Era o comboio às avessas. Parece-me que passamos o Brennero ou Brenner* passados três dias e três noites. Estávamos na Itália! Foi um momento muito comovente, pois todos tínhamos pensado que nunca mais veríamos o nosso país. Era manhã, quando atravessamos a fronteira; depois, o comboio parou em Bolzano para descarregar a todos. Lembro-me de que

---

* Na Itália, na província autônoma de Bolzano que faz fronteira com a Áustria e Suíça. (N.T.)

descíamos para nos registrarmos na Cruz Vermelha ou numa repartição que estava lá. Devíamos pôr por escrito que estávamos vivos e que tínhamos voltado dos campos nazistas. De alguns dos que retornaram nunca houve certeza da morte, porque os registros não tinham sido muito exatos e, então, essas pessoas foram dadas por desaparecidas durante decênios; talvez fossem pessoas sozinhas, sem nenhum parente, que decidiram recomeçar a vida noutro lugar.

No fundo, também eu poderia ter decidido partir para a França com as minhas companheiras francesas e, nesse caso, nunca me teria registrado em Bolzano. Se, então, eu fosse adulta e tivesse trinta anos e não catorze, depois daquelas terríveis experiências..., quem sabe se não teria reconstruído a minha existência completamente diferente em outro lugar...

Mas desci em Bolzano e fui registrar-me. Naquela repartição estava afixado um manifesto que dizia: "Agora, vocês voltam a entrar em suas cidades, mas se, ao lá chegarem, não encontrarem a sua casa, a sua família, e não tiverem trabalho, retirem aqui uma senha que lhes dará direito a regressar a Bolzano de comboio gratuitamente e durante seis meses poderão trabalhar nesta estação com tarefas de cozinha e limpeza e, quem estiver preparado, de escritório".

Seis meses era o período previsto para o regresso de todos. Inscrevi-me para trabalhar na cozinha e na limpeza, pois não sabia fazer mais nada. E pensava: "Se chegar a Milão e não encontrar ninguém, que faço?". Eu não tinha mais nada, não sabia de modo nenhum o que iria encontrar em minha casa e, sobretudo, *se* iria encontrá-la. Nem sequer conseguia imaginar vagamente como ela estaria.

Sempre alimentei pouquíssima esperança, se não nenhuma, de rever o meu pai. Quando estive prisioneira no campo de Ravensbrück, soube da deportação e do fim dos meus amados avós paternos. Com os meus avós maternos, que tinham fugido para Roma, e com o meu tio, irmão do meu pai, que se tinha escondido na montanha, tudo poderia ter acontecido naquele ano e meio.

Por isso, inscrevi-me naquelas listas de emprego, digamos assim, e quando depois contei isto aos meus parentes, eles ficaram espantados com o fato de uma garotinha de catorze anos ter amadurecido ao ponto de adquirir o hábito de pensar em si mesma. Mas eu estava só e não tinha escolha.

De Bolzano fomos de comboio a Pescantina, próximo de Verona, onde terminava a estrada de ferro – não sei se tinha sido bombardeada. Havia lá um grande campo de acolhimento, enorme, onde se passava a noite e se era desinfectado, de tanto que estávamos sujos. Os americanos perguntavam quem era de Roma, de Turim, de Gênova... E dali partiam, em várias direções, enormes caminhões com reboque, para levar as pessoas para casa. No dia seguinte à chegada a Pescantina, entrei no que ia para Milão e Graziella Coen, que deveria ir ao que seguia para Roma, preferiu ir comigo. Tinha perdido os pais. Eram sete filhos e julgo que foram todos juntos para a morte, exceto ela. Não estava com coragem de voltar imediatamente para Roma. Tínhamos ficado amigas, e ela era mais velha que eu dois ou três anos. Disse-me: "Vou com você, vamos ver o que se encontra".

Também em Milão havia vários pontos de acolhimento para os regressos e um era a estação das estradas de ferro Norte, próximo da minha antiga casa. Com Graziella pedi para descer lá. Antes da guerra, a estação Norte era um edifício baixo e longo, diferente do que é hoje. Depois, foi completamente arrasada pelos bombardeios e, durante muito tempo, os comboios não podiam partir nem chegar.

A minha primeira visão de Milão foi esta: a estação próxima de minha casa já não existia. Parecia querer-me avisar de que muitas outras coisas tinham sido apagadas durante a minha ausência.

Era o dia 31 de agosto de 1945 e eu caminhava de novo na minha cidade com uma sensação muito especial: eu estava pertíssimo, em linha reta, do lugar onde eu brincava quando criança. Tinha passado centenas de vezes naquela praça, quando ia para o parque Sampione ou para o Castello Sforzesco brincar com as outras meninas. Era precisamente a minha região.

Graziella e eu olhávamos a nossa volta atordoadas. As pessoas passavam e um senhor, sem nos perguntar nada, deu-nos uma esmola: dois vidros de compota, uma para cada uma, e duas liras, daquelas liras de papel então impressas pelos americanos que se chamavam am-liras.

Duas liras era a única coisa que tínhamos. Teríamos podido comprar um quilo de pão. Conservei com muito cuidado aqueles liras, até que, alguns anos depois, me roubaram a carteira onde as guardava.

Era um evento especial: alguém nos oferecia alguma coisa, a nós que fôramos as *mulheres-nada*. E era muito estranho eu receber uma esmola, exatamente na minha cidade.

"Mostre o seu número a eles"

Da estação Norte eu e Graziella caminhamos um trecho: a minha casa era no número 55 da Avenida Magenta.

Entrei no portão para ver se havia alguém. O porteiro não me reconheceu: tinham se passado três anos desde que eu fora embora. Tentou expulsar-nos. Mas, quando lhe expliquei quem era, não só estremeceu, como se tivesse visto um fantasma, como gritou tão alto que todos os inquilinos saíram à janela. Todos: os que no passado se tinham interessado pelas nossas vidas e os que, ao contrário, tinham virado o rosto para o outro lado.

Fomos acolhidas na casa da família Gatta que morava no primeiro andar e tinha duas filhas mais ou menos da minha idade. Voltei a vê-las há pouco tempo, durante uma conferência que fiz na província de Milão, na cidadezinha onde hoje vivem. Procuraram-me e convidaram-me para um almoço: foi bom reencontrar-nos.

Na casa dos Gatta, naquele 31 de agosto de 1945, tomei um banho. Depois de me terem vestido com as roupas das filhas, telefonaram para o meu tio, que tinha voltado do seu esconderijo e morava pouco distante. Ele já tinha passado por aquela casa muitas vezes para ver se algum de nós ainda estava vivo, mas sempre encontrara as nossas janelas fechadas: ninguém tinha voltado.

Meu tio avisou imediatamente os meus avós maternos, que, ao contrário, estavam em um hotel porque tinham perdido a casa. Ao cabo de uma hora, chegaram os quatro: vovô e vovó, titio e titia.

É difícil descrever aquele encontro. É difícil fazer compreender a quem me ouve hoje que, mesmo na emoção de reencontrar rostos de pessoas que me amavam e a quem eu também amava, eu estava meio insensível à realidade que naquele momento se materializava diante de mim pela primeira vez: os outros já não estavam lá. O meu pai e os meus avós paternos, com quem eu sempre tinha vivido na minha existência agora apagada, não estavam ali juntamente conosco. A nossa casa estava fechada e nunca mais a vi, porque não era nossa, porque era alugada.

Naquela mesma noite fui para casa dos meus tios, na Rua Morozzo della Rocca, uma bela casa. Graziella ficou comigo uns dez dias, depois voltou para Roma onde encontrou uma irmã. Hoje, vive na África do Sul com os seus dois filhos.

Os meus tios não tinham filhos. Coitados, faziam de tudo para me tratar bem. Dissemos uns aos outros tudo e nada.

O meu tio, que viveu até aos 88 anos – faleceu em 1986 –, sentia-se culpado a todo momento da sua vida por ter fugido. Até ao fim da sua longa vida, todas as suas noites foram agitadas pelo mesmo pesadelo: via o comboio, os seus pais que eram carregados para dentro dos vagões e ele querendo tirá-los de lá, mas sem conseguir.

Todas as noites gritava por causa do sentimento de culpa. Por isso, não lhe contei quase nada do campo de concentração, da fome, das pancadas, das seleções: quis protegê-lo, preservá-lo de ulteriores doses de horror. Dava-me pena. Era uma pessoa que não podia aguentar as recordações porque tinha fugido: ele tinha-se posto a salvo e os outros, toda a sua família, não. Tinha deixado o meu pai sozinho com a responsabilidade de fechar a firma, de tomar conta do meu avô, doente de Parkinson, e de mim, ainda menina. Nunca se perdoou: não falava nisso, mas o seu sofrimento era evidente. Era um homem profundamente triste que não acreditava poder recomeçar uma vida normal: custou-lhe muito reabrir a sua empresa e reaprender a levar uma vida matrimonial comum com a sua esposa.

Meus avós maternos ainda não tinham uma casa e, portanto, eu não podia ficar com eles, como desejava. E, assim, comecei uma vida esquálida, mas de uma tristeza e de uma insossa monotonia verdadeiramente raras.

Eu estava gorda, tinha aumentado quarenta quilos nos quatro meses que passei com os aliados: dos trinta e dois que tinha depois da *marcha da morte*, cheguei a pesar mais de setenta. Uma matrona que ainda não tinha completado quinze anos. Pesada, desengonçada, decididamente feia. Eu estava irreconhecível, muito longe daquela menina educada e bem-comportada que eu tinha sido na minha vida anterior.

Lia a minha nova e tosca imagem nos olhares dos meus parentes e, quando me beijavam ou abraçavam, eu ficava rígida como um pau. Tenho a certeza de que, se eu tivesse regressado um esqueleto, teria recebido deles outra atenção, mais profunda, porque teria mostrado uma prova visível e tangível de quanto tinha sofrido.

Mas, em vez disso, diziam-me: "Como está gorda! Como é possível? Tínhamos ouvido dizer que não davam nada de comer a vocês". Eu explicava-lhes que havia quatro meses não fazia mais nada senão me alimentar e continuei a empanturrar-me com grande voracidade mesmo depois, na casa deles.

Tinha a sensação – que, então, era vaga, mas muitos anos depois, quando comecei a testemunhar, finalmente se esclareceu em mim – de que os aborrecia muito. Eram pessoas boas, gostavam de mim, mas sentiam uma grande desilusão ao encontrar aquela garota enorme que era um estorvo e na presença de quem qualquer palavra acabava sendo errada.

Eu não tinha um quarto meu. Dormia num sofá-cama em um quarto improvisado, uma espécie de sala de estar, e isto durou até eu me casar. Essa situação provisória era muito triste: fazia sentir-me um peso para os outros. E, de fato, devo ter sido realmente um peso morto, e os tios, coitados, não sabiam como lidar com a situação. Eu só desejava tratar das feridas e ser amada sem restrições; em vez disso, eu sentia-me continuamente julgada.

O meu vocabulário era vulgar, cheio de palavrões: a única língua que eu tinha ouvido e falado em Auschwitz. Já não sabia comportar-me à mesa e eles pretendiam que agisse de modo civilizado, educado: "Lave as mãos, descasque a maçã, ande pela cidade só acompanhada"... Sair acompanhada! Eu que tinha feito a *marcha da morte*, centenas de quilômetros em companhia dos soldados, não concebia uma coisa daquele gênero; eu via aquilo como uma falta de confiança em mim.

E, depois, o modo de comer. Mesmo quando emagreci, voltando às medidas normais, custava-me não me atirar à comida e não adoecer de bulimia.

Era um grande esforço de vontade: vencer a incapacidade de voltar a dormir num colchão, estar comportada à mesa, eu que tinha vivido numa estrumeira e que comia em uma escudela, sem colher, dividindo com outras cinco prisioneiras aquela sopa nojenta que nos davam ao meio-dia e competindo para ver quem tirava o maior gole...

Também meus tios experimentavam um sentimento de confusão. Aquela situação teria requerido a presença constante de um psicólogo, dia e noite, mas então não se sabia sequer o que era um psicólogo. Teria ajudado quase tanto a eles quanto a mim. Eu tinha de curar-me, as minhas energias estavam empenhadas nesse esforço, e eles não sabiam absolutamente qual seria a aproximação justa a ter com uma criatura estranha como eu era.

Não se falava de Auschwitz. Ou, melhor, nos primeiríssimos dias em casa contei alguma coisa, pequenos episódios, recordações sumárias, mas eles interrompiam-me sempre com os mesmos comentários: "Ai, sim?! Mas nós só comíamos castanhas, escondidos por detrás do armário, com nomes falsos".

As histórias que tinham vivido eram grandes histórias para eles: o medo do dia seguinte, o terror de que o dinheiro acabasse e já não houvesse meios para enfrentar uma situação de duração incerta...

Os meus avós, em particular, tinham pouquíssimo dinheiro, estavam desorientados. Mas aquilo que lhes parecia enormes tragédias não tinha nada a ver com a minha vivência. Eles não tinham tido a morte diante deles todo dia durante mais de um ano, não tinham visto o que eu vira. E, depois, considere-se que a guerra acabara havia pouco, as pessoas nem queriam ouvir histórias de dor, de traumas, de desespero e de luto.

Se pensarmos que o manuscrito de *É isto um homem?* foi recusado pelas primeiras editoras a que Primo Levi o apresentou, sendo publicado somente em 1958,[3] traduzido em todas as línguas e tornado um clássico,

---

[3] "Escrevi o livro logo que voltei, no espaço de poucos meses: tanto aquelas recordações me queimavam por dentro – conta Primo Levi num apêndice escrito em 1976 para a edição escolar italiana de *É isto um homem?* Recusado por alguns dos grandes editores, o manuscrito foi aceito em 1947 por uma pequena casa editora, dirigida por Franco Antonicelli: imprimiram-se 2.500 exemplares, depois a casa editora desfez-se e o livro caiu no esquecimento, até porque, naquele tempo duro de pós-guerra, as pessoas não tinham muito desejo de trazer de volta à memória os anos dolorosos havia pouco terminados. Só voltou a ser lembrado em 1958, quando foi reimpresso pelo editor Einaudi, e, desde então, o interesse do público nunca mais faltou."

compreendemos como era profunda, então, a surdez em relação a esses assuntos, a incapacidade de receber um evento tão gigantesco e tremendo como Auschwitz, o símbolo de todo o mal do mundo.

Comecei a ouvir as suas pequenas-grandes histórias e as dos parentes que iam lá em casa para ver-me, como diziam, e, depois, não faziam mais do que recitar os seus monólogos pessoalíssimos. Contavam dos baús e malas perdidos sabe-se lá onde, com todo o enxoval dentro, e serviços de pratos bons que se despedaçaram.

E eu tinha desenvolvido uma capacidade, e ainda hoje sou um pouco assim: falo muito, por maior razão hoje que me apresento frequentemente em público, mas na minha vida privada sou capaz de guardar um segredo e nunca revelá-lo durante toda a vida. Sou realmente uma ouvinte ótima em quem se pode confiar. Todas as pessoas que, nesse tempo, vinham contar-me com autêntico desespero que haviam perdido aqueles preciosos baús, saíam com a convicção de que eram elas quem tinha sofrido as verdadeiras desgraças; sempre deixei que os meus interlocutores acreditassem nisso; todos os que estavam à minha volta sentiam como que necessidade de competir quem teria sofrido mais, quem teria sido privado do maior número de bens e de objetos.

"*Eu* vivi mais desgraças que você, mais medo; *eu* tive de enfrentar mais perigos; *eu* suportei mais dificuldades materiais."

Era uma atitude típica do povo italiano, não só de nós, judeus, de pessoas que tinham assistido aos bombardeios, que tinham encontrado as habitações destruídas, e os filhos ido para a guerra. Cada qual tinha algo para contar, mas eu fazia imediatamente a minha escolha, porque compreendia que era muito difícil falar da minha vivência, a não ser à custa de uma profunda elaboração que, então, não estava em condições de fazer.

Só nos primeiríssimos dias depois da minha chegada senti grande necessidade de falar, mas as pessoas com quem vivia não estavam... elas não eram o que eu esperava. Se – por absurdo – os outros, aqueles que não sobreviveram, tivessem regressado, não teriam precisado de palavras para compreender o meu estado de alma. Enquanto meus tios e avós maternos que, no fundo, nunca tinha deixado de levar uma vida normal, não podiam escutar nem, muito menos, compreender, então ninguém podia.

Foi preciso decênios para que o mundo se abrisse a este tema. E eles não eram exceções.

SOBREVIVEU A AUSCHWITZ

Há uma constante nos diários escritos pelos sobreviventes, a partir de Primo Levi: o pesadelo mil vezes repetido do prisioneiro que regressa, conta e ninguém acredita nele. E até nem sequer é ouvido porque no sonho o interlocutor dá meia-volta e vai embora bem no meio do relato. Os nazistas procuravam convencer-nos disso: mesmo que, por algum acaso, conseguíssemos escapar ao extermínio, ninguém haveria de achar plausíveis as nossas recordações.

Mas, então, eu não alimentava estes pensamentos, não tinha a profundidade de Primo Levi. Não era dotada da sua maturidade nem da sua sensibilidade. O meu instinto de calar era algo natural, primordial. Quase selvagem.

E mesmo quando as minhas amigas de outrora me procuravam, eu olhava para elas em silêncio sem saber sobre o que conversar: abria-se a porta de casa e eis que entravam aquelas garotinhas de quinze anos que, acabada a guerra, pensavam no batom e nos vestidos da moda. E eu era mais alta que elas, mais gorda e mais feia. Elas eram meninas simples, boas, mas diante de mim ficavam bloqueadas. É verdade que me abraçavam, estavam contentes por me rever, mas eu não podia falar com elas. Não havia diálogo, só escuta da minha parte.

179

E, depois, sentia confusamente que os meus parentes e amigos diziam uns para os outros: "Sabe? Liliana está um pouco estranha. É preciso ter paciência com ela". Era verdade que eu estava estranha, mas não queria que me tratassem daquele modo. Queria ser aceita.

Compravam-me um vestido e já falavam em comprar outro. Mas por quê? "Porque, quando se muda de roupa, é preciso lavar-se; e também por puro prazer de ter mais roupa", diziam os meus parentes. Mas eu, que passei um ano e meio coberta só com trapos e carregada de piolhos, não conseguia compreender para que servia um segundo vestido. Estava selvagem, era um desastre.

E também era para mim um desastre viver com eles. Mesmo em relação ao número que trazia – que trago – tatuado no braço esquerdo, mostravam uma atitude ambivalente, uma atração e simultaneamente uma repulsa, que sempre me aborreciam. Nos primeiros tempos, insistiam para que escondesse aquele número: "Pensamos em oferecer-lhe um bracelete, para você poder cobrir precisamente aquele ponto do braço". Mas eu respondia: "Não, obrigada. Não me interessa escondê-lo". Ou, então, o extremo oposto: às vezes, no inverno, quando alguém ou algum conhecido ia visitar-nos, eles incitavam-me: "Mostre o seu número a eles".

Isso me ofendia e me aborrecia muito.

O número foi incômodo, sobretudo nos primeiros anos, até porque a juventude fazia com que estivesse mais exposta. Hoje, quem olha para mim? Mas, quando tinha vinte, vinte e cinco ou trinta anos e era uma mulher jovem, normal, e ninguém usava tatuagens, no verão, sobretudo no bonde, com o braço levantado, suscitava curiosidade nas pessoas. Havia quem perguntasse o que era aquele número e eu respondia com uma mentira: "É uma data importante; um número de telefone". Para mim, ainda não chegara o tempo de falar disso.

E também não era o tempo quando tive filhos e, as crianças, ao descobrir essa particularidade no braço da mamãe, perguntavam o que era. E eu, covardemente, adiava sempre para quando fossem mais velhas...

Com meus tios, não suportava nenhum minuto do dia. O meu único refúgio era Susanna, uma empregada que os meus tios levaram para casa, depois de ela ter vivido com os meus avós paternos durante mais de quarenta anos. Era velha, lembrava-me de ter tratado do meu amado avô Pippo. Sempre a vi lá em casa e gostava muitíssimo dela. E com ela, mesmo que não falasse de nada, sentia-me à vontade. Era uma mulher simples, talvez nem sequer tivesse acabado o segundo grau: simplíssima mas tão boa, profundamente afeiçoada à minha avó paterna, a quem ela chama sempre de "a minha Olga"; a minha avó tinha-a levado consigo quando se casou. À época, era costume levar uma empregada como dote de casamento.

Susanna foi uma figura fundamental no período da minha extrema solidão: sofria muito por ter perdido a casa onde vivera durante muito tempo com os meus avós. Eles tinham sido presos e ela os acompanhara até o caminhão para Auschwitz. Não era judia e foi poupada, mas quase a levaram também. Chorava sempre, quando se falava disso, e dizia: "Rezo sempre por aqueles santos", comovendo-se profundamente, de modo lancinante.

Em outubro voltei imediatamente para a escola. Na realidade, naquele ano, frequentei um curso de línguas que não estava homologado, não valia nada, mas era mais para ocupar a mente e não ficar fechada em casa.

Aquele ano serviu-me para refletir, para pensar que estava muito só na minha vida e essa consciência era extrema. Não podia ir para uma escola que não me garantisse algum futuro: tinha necessidade absoluta de recuperar os anos perdidos.

Antes da fuga e da deportação, eu tinha estudado até o segundo ano do liceu. Mas já não me lembrava de quase nada do que tinha estudado. Por isso, no ano seguinte, saí da escola e com duas professoras particulares fiz os cinco anos em um: apresentei-me ao exame final como particular – como então se fazia – e assim pude inscrever-me no magistério.*

Estudava como uma louca, na solidão mais completa. Não entrei na universidade porque os meus projetos foram interrompidos pelo casamento e pelos filhos. Mas, então, meus avós e tios não queriam que eu fosse à escola: "Não vá, fique quieta em casa". Mas sempre me opus. Na sua opinião, eu só devia aspirar a ser uma boa dona de casa. Independentemente de eu ter sido sempre uma negação como dona de casa, se não tivesse saído, se não tivesse estudado, teria certamente enlouquecido.

Não me sentia bem na casa dos meus tios, em nenhum aspecto. E, com o tempo, as coisas pioraram. Queria morrer. Todo o esforço que tinha feito durante a prisão para não perder o controle do meu cérebro, para que o meu físico resistisse... Aquela tremenda luta pela sobrevivência tinha sido inútil. Eu estava muito triste por não ter sido morta lá, na Polônia, e sentia que, então, precisamente naquele momento só desejava morrer.

---

* Embora parecido, este percurso de estudos não corresponde exatamente ao nosso sistema escolar antigo; muito menos ao atual. (N.T.)

Foi só por acaso, por um acaso extraordinário, que não me matei. O meu tio tinha um revólver em casa e, um dia, não sei como o encontrei; lembro-me de que o tive longamente nas mãos, brincando com a tentação de disparar contra mim. Faltou-me a coragem para fazê-lo.

Depois, intervieram fatos que mudaram o meu estado de espírito.

Finalmente, os meus avós puderam deixar o hotel onde tinham vivido um ano e foram morar na Rua Telesio, na última casa à esquina, como hóspedes de uma irmã da minha avó e do cunhado, que tinham arrendado um apartamento muito grande e convinha-lhes partilhá-lo com os meus avós. Havia, então, grande falta de alojamentos, e os apartamentos muito amplos ocupados por poucas pessoas arriscavam-se a ser requisitados.

Eu gostava muito da minha avó materna e ela dizia-me todo dia: "Está tão triste com os tios, vem para junto de nós". Não sabia como dizer aos meus tios que pensava ir embora, porque, além do mais, a sua casa era dos Segre. E depois não queria separar-me da minha velha Susanna; inicialmente até tinha esperado que me deixassem ir viver com ela em um apartamento alugado.

Mas acabei indo morar com os meus avós. Deixei meus tios com algum incômodo, mas, depois, com o tempo, tudo voltou a ficar bem entre nós. Com os avós comecei a ficar menos triste, porque eles tinham uma personalidade diferente e naquela casa havia mais movimento de pessoas, mais vivacidade. Também teve influência o fato de eu estar muito ocupada com os estudos: empenhei-me ao máximo e passei nos exames.

No ano seguinte, entrei no liceu, mas sempre com a impossibilidade de me comunicar com as minhas companheiras. A nossa relação não era de igual para igual: eu era a exceção na turma, e não é bom sentirmo-nos diferentes. Na minha vida, sempre me senti diferente e nunca gostei disso. Além do mais, o liceu era difícil para mim, que tinha estudado em três meses o que os outros demoraram dois anos a aprender. Aprendi mais ou menos grego; *I promessi sposi*,* eu tinha-o lido num resumo comentado e as minhas lacunas eram uma infinidade.

Contudo, como eu tinha uma maturidade fora do comum e muita facilidade de me comunicar, sempre consegui resolver tudo na escola, e, embora estivesse atrasada um ano em relação às minhas companheiras, continuava a ver-me autossuficiente. Eu era uma adolescente, nas, na realidade, estava velhíssima.

---

* Livro de Alessandro Manzoni, traduzido para o português com o título *Os noivos* (São Paulo, Scipione, 1987).

Lembro-me de que a professora de italiano me dizia frequentemente: "Segre, como posso deixá-la passar?". Porque era lógico que eu, perante os versos de Dante ou de Foscolo, sentisse uma solicitação mental e psicológica diferente das garotinhas que sempre tinham vivido em um mar de rosas, protegidas por suas famílias.

E quando estudei o canto do conde Ugolino, na *Divina Comédia*, "La bocca sollevò dal fiero pasto" [A boca levantou do fero pasto], voltou-me à mente um violentíssimo *flashback*: um episódio acontecido durante a *marcha da morte*, na última evacuação do campo de Malchow. No nosso caminhão jazia um cavalo morto e todas as mulheres do meu grupo, eu também, nos atiramos para comer aquele cadáver e, com as unhas, com os dentes, conseguimos chegar à carne e arrancar pedaços sangrentos. Enquanto comíamos bestialmente aquela carne crua, olhávamos umas para as outras como se estivéssemos no centro do inferno...

Não usufruía absolutamente nada da minha época, que despertava depois da guerra, nem dos meus dezessete anos. Já estava velha. Não me comunicava, era feia. Eram muitas as razões que tornavam pouco fácil a minha vida, mas era muito menos difícil que antes, precisamente porque eu tinha sempre muitos interesses. Também agora, quando me interesso por um assunto novo de que não sei nada, mergulho nele, leio muitíssimo e, além disso, interesso-me por teatro, cinema, literatura, música clássica... Felizmente, nessa altura era muito curiosa e isso me ajudou.

Um amor na praia

No verão, entre o segundo e o terceiro ano do liceu, já estava mais magra e tinha algumas roupas novas. Ia ao cabeleireiro, começava a maquilar-me um pouquinho, mas não havia em mim nada de vaidade, nenhuma feminilidade que via nas minhas amigas.

Na época, havia um tipo de relação com o sexo oposto que hoje está completamente superado: era um jogo de olhares, de pequenos sinais, de que eu era totalmente incapaz. Não desejava nada aprender esses olhares nem tais sinais: não estava nada preparada para relacionar-me com os homens. Nem física nem psicologicamente. Podia ter amigos masculinos, mas com enorme dificuldade; na verdade, não os tinha. Tinha amigas, algumas de infância, mas não participava de sua vida cotidiana. Lembro-me de que ia às festas para as quais era convidada, nas casas; então, era costume os pais ficarem vendo como as filhas se comportavam ou favoreciam os encontros com objetivos de casamento. Eu ficava lá durante meia hora e, depois, voltava para casa.

Sentia-me diferente, não por uma sensação de superioridade por causa da experiência única que tinha vivido. Era exatamente o contrário: olhava para as outras garotas tão bonitas, elegantes, com sucesso, cortejadas, esperadas à saída da escola pelos rapazes de carro, e pensava que nunca haveria de ser assim, que o meu destino seria bem diferente. Não conseguia conversar com elas que, depois da guerra, se tinham interessado pelas vitrines das lojas que reabriam, pelos bailes, e os primeiros amores... Eu pensava que haveria de ser jornalista, daquelas que viajam pelo mundo. Tinha facilidade de escrever, muita curiosidade e de modo nenhum desejava uma vida como aquela que levava, aquela rotina banalíssima. Pensava que nunca me casaria e que, por isso, me competia organizar o meu futuro com grande determinação. E tinha uma fixação: não podia contar com ninguém.

Mas precisamente no verão, entre o segundo e o terceiro ano do liceu, fui para a praia com os meus avós e, no primeiro dia, mal cheguei, alguma coisa mudou para sempre.

Lembro-me de que estava muito calor. Eu nunca tinha estado nas Marcas, em Pesaro, uma cidadezinha sonolenta onde a minha avó tinha desejado ir porque lá moravam umas velhas primas suas, e eu, ao contrário, não conhecia ninguém.

Fui até a praia para tomar um banho e refrescar-me, e a primeira pessoa que encontrei foi um jovem que imediatamente me impressionou como nenhum outro antes. Vi-o e pensei imediatamente: "Como me agrada este jovem". Foi o clássico amor à primeira vista.

Daquela primeira vez, nos falamos. Os meus avós nunca o tinham visto, mas a minha prima conhecia-o: foi ela quem nos apresentou, lá na praia. Ele tinha dez anos a mais que eu, que ainda não completara dezoito. Era um homem, um homem feito. Nos dias seguintes, continuava muito impressionada com ele; parecia-me justamente um belo homem, e também ele estava atraído por mim, não sei por quê. Não certamente pela minha beleza, porque, embora já não estivesse tão horrenda como antes, nunca fui bonita. Não era nada de especial. Em relação a ele, como homem jovem e indubitavelmente atraente, eu era bem feinha. Não era judeu, mas também tinha vivido na prisão na Alemanha, entre os oficiais que se tinham recusado a aderir à República de Salò.

Depois de 8 de setembro, fora capturado na Grécia e deportado para a Alemanha. Tinha passado por sete campos de concentração, mas não de extermínio como o de Auschwitz. Era um daqueles seiscentos mil soldados que tinham ficado voluntariamente nos campos nazistas para não se unir aos *repubblichini*. Provavelmente nos havíamos cruzado em Pescantina durante o regresso à Itália; descobrimos que tínhamos passado por lá no mesmo dia.

E ele viu o número no meu braço, era verão, e eu estava com roupa de banho. Ele sabia o que significava.

Tínhamos começado a conversar e, ao fim de dois ou três dias, começamos a ficar juntos. Mas como então se fazia, um beijo e nada mais. Eu estava tremendamente apaixonada e os meus avós, logo que perceberam isso, ficaram alarmados. Estavam preocupadíssimos e fizeram um cavalo de batalha: "Ele tem dez anos a mais que você, com tudo o que sofreu...".

Pensavam que seria um amor de verão e que eu iria sair daquilo desiludida e humilhada. Não imaginavam que um rapaz encontrado na praia pudesse tornar-se importante para mim. Nem sequer sabiam quem era e, na verdade, nem eu tampouco sabia. Em suma, os meus avós despacharam-me imediatamente para Milão. Mas ele começou a procurar-me, inicialmente às escondidas, até que a coisa se tornou oficial. Ele já estava formado e começou a exercer a advocacia em Bolonha. Depois, transferiu-se para Milão, para estar perto de mim e, em 1951, nos casamos.

De repente, começamos a contar muitas coisas um ao outro. Ele foi sempre um homem muito correto, muito cumpridor dos seus deveres, com princípios muito sólidos. Disse-me: "Você não pode pensar que, por sua vida ter sido marcada por essa tragédia, agora pode fazer o que quiser. Já não tem mais de sofrer, mas nem por isso pode ser mal-educada, porque tudo lhe é permitido. Não. Escolheu viver numa sociedade e não em cima de uma árvore. Portanto, tem de se adaptar a certas regras".

De fato, eu tinha me tornado um pouco selvagem, embora tivesse melhorado naqueles três anos; no entanto, fugia sempre aos princípios da boa educação e às convenções sociais aborrecidíssimas que os meus parentes pretendiam e a que, depois, acabei por aderir. Mas ele dizia-me tudo isso numa fase de grande amor, de grande paixão: dele eu aceitava tudo, qualquer que fosse a observação.

Parecia-me justo atender a todos os seus desejos, porque, depois de tanto tempo, sentia-me amada tal como era: com os meus defeitos, as minhas faltas e as minhas grosserias. Amada, apesar de tudo, por mim mesma, como tanto tinha desejado quando regressei do campo de concentração.

Foi o meu marido quem me ensinou a tornar-me uma mulher normal, dia a dia.

No início, tínhamos falado muito da minha experiência em Auschwitz; mas, depois, eu escondi--me covardemente de mim mesma, e não se trata de um trocadilho. Queria viver uma vida normal, queria estar apaixonada, só queria ser uma jovem esposa e, depois, uma jovem mãe, não *uma sobrevivente ao extermínio dos judeus*.

É verdade que a recordação do campo de concentração estava sempre presente; bastava uma referência, ver fumaça ou fogo, um pastor-alemão, um ruído e *clic!* Logo as velhas imagens e o medo afloravam poderosos.

Mas durante muitos anos bloqueei essa memória. Desejava libertar a minha vida daquela marca tão grave e negra, para torná-la simplesmente normal.

Mas, ao contrário, os meus filhos, ao crescer, revelaram-me: "Não, mamãe. Você acreditava que a sua experiência tinha ficado fora da porta de casa; todavia, sempre tudo esteve impregnado desse assunto. Julga que nunca tenha nos falado disso. Na realidade, bastava o seu número para lembrar tudo aquilo que passou. Não se pode apagar o seu número!".

Eu e meu marido festejamos as bodas de ouro em 2001. Somos daqueles velhinhos que ainda passeiam de mãos dadas. Somos um casal, antes mesmo de sermos pais ou avós.

Um amor que nasceu na praia e deu um sentido a todas as coisas.

IV
OS JOVENS E A MEMÓRIA

"Nunca me esquecerei de tudo isso,
mesmo que seja condenada a viver
tanto quanto o próprio Deus. Nunca."
Elie Wiesel[1]

Agradeçam. Prometam: não esquecerão.

Confessam, com diversos tons de destaque, as sensações que um relato na primeira pessoa sobre Auschwitz consegue despertar.

Há quem reveja Janine, a sua mão mutilada ("E saímos todos do teatro pensando na nossa Janine pessoal", escreve uma garota de Novafeltria) e aquela companheira de prisão que, durante a seleção para a vida ou para a morte, não se voltou para consolá-la com um adeus. Ainda se envergonha, passados sessenta anos.

Alguns releem o seu relato com os pais à luz daqueles últimos olhares, cruzados na *jundenrampe*, entre

---

[1] WIESEL, E. *A noite*. Rio de Janeiro, Ediouro, 2006.

a menina inexplicavelmente poupada do gás e o jovem pai que nunca mais verá.

Muitos se enfurecem com a imagem da pistola deixada no chão, com a irresistível tentação de vingança a que a menina-nada soube subtrair-se, apesar da ausência de vontade e de sentimentos que acreditava dominá-la naqueles dias.

Também há quem descubra como é tolo e errado lamentar-se dos problemas cotidianos com frases feitas como "Nunca conseguirei". E quem, com a sua sensibilidade ainda muito jovem, se surpreenda a refletir, talvez pela primeira vez, sobre o significado misterioso da palavra vida.

Depois de ter ouvido Liliana Segre, os adolescentes e os jovens comunicam-lhe estes pensamentos. Escrevem-lhe cartas pessoais e coletivas, mandam-lhe redações sugeridas pelos professores, bilhetinhos e poesias escritas de pronto, à queima-roupa, e entregues no fim do testemunho da avó que foi menina em Auschwitz.

Ela, desde que escolheu ser uma testemunha da *Shoah*, recebe continuamente uma enorme quantidade de material. Não cataloga nada, mas conserva tudo, cada folha de papel. Mesmo as cartas superficiais redigidas por formalidade. Tudo tem um significado, tudo é consequência do seu relato e, ao longo dos anos, foi construindo o seu contexto.

A seguir, apresentamos uma breve lista dos pensamentos de quem, nestes últimos anos, ouviu Liliana Segre falar: alunos do ensino secundário, estudantes universitários e alguns adultos. Excertos de cartas e de redações desordenadas, só com alguma indicação de nomes, datas e lugares, mas sem nenhum fio lógico além da espontaneidade e da participação.

São observações diversas, umas vezes profundas, outras ingênuas ou repletas de retórica involuntária. Que, no entanto, demonstram sempre que, pelo menos, uma pequena dúvida abriu uma fenda entre os lugares-comuns, a ignorância e a indiferença.

Os jovens, parecem dizer todos os escritos, sabem que tomaram parte de uma extraordinária contradição: uma sobrevivente ao extermínio que fala dele. "E as vibrações de outra pessoa – diz o bilhetinho de uma estudante – podem ser mais eloquentes do que qualquer documentário ou livro."

* * *

Querida senhora Segre,
com a esperança de que a sua estrelinha continue a brilhar no céu e sempre dentro de si, digo-lhe obrigada por

nos ter tornado a todos testemunhas, através do seu testemunho. Estou certa de que os seis milhões de judeus, culpados somente por terem nascido, não morrerão uma segunda vez na indiferença. Obrigada.

SIMONA

Pesaro, dezembro de 2003

Querida senhora Segre,
eu nunca teria conseguido perdoar. Como se pode perdoar o horror? E, sobretudo, como se pode procurar uma justificação?

Agora, como há sessenta anos, se é verdade que somos todos homens, como se pode infligir os sofrimentos mais atrozes a alguém que é exatamente igual a nós? E não bastou porque ainda hoje continua a suceder em muitas partes do mundo. Não aprendemos mesmo nada. Felizmente, porém, há pessoas como a senhora, que conseguiram mudar o horror em amor. Obrigada.

MICHELA

Pesaro, dezembro de 2003

Querida Liliana Segre,
parecerá banal, mas queria muito agradecer-lhe pelo testemunho que nos trouxe ontem à aula.

A página da história que viveu e agora conta é-me muito querida; não tive parentes ou conhecidos que tenham sido presos ou perdido a vida durante aqueles anos, mas sinto-me muito próxima de todas as mulheres, crianças, velhos ou homens que posso imaginar naquela situação de medo e incerteza, e vejo os seus rostos e sinto dor e tristeza. Há poucos dias, voltei da minha segunda viagem à Polônia; quis voltar a ver os campos de Auschwitz e Birkenau e senti o terrível silêncio que se propaga no ar. Concentrei-me naquele silêncio, esforçando-me por ouvir as vozes e as ordens dos SS, os cães a ladrar, o barulho do comboio a entrar nos portões e os passos de centenas de pessoas cansadas e incertas sobre o seu futuro.

Li vários testemunhos de mulheres que viveram uma situação análoga à sua e sempre encontrei algo de novo nas suas palavras, como me aconteceu ao ouvir a sua voz calma que, ao mesmo tempo, deixava espaço a emoções e sentimentos.

Tem-me sido muito útil a narração daqueles fatos feita por uma mulher, com quem posso identificar-me mais porque toca esferas mais pessoais ligadas à timidez, ao pudor, ao fato de já não ser mulher por se terem perdido todas as características mais manifestas da feminilidade.

Além disso, parece-me muito importante agradecer-lhe pelos seus ensinamentos de paz e pela sua vontade de viver; hoje, com demasiada frequência e muita facilidade, as pessoas desmoralizam-se ou veem tudo cinzento a cada mínimo problema. Creio, ao contrário, que é importantíssimo, e a senhora parece-me uma excelente testemunha disso, encontrar a vontade de viver e a força de superar os eventos mais negativos.

Devo agradecer-lhe uma vez mais por ter se tornado mulher de paz, testemunha de uma coisa de tal modo grande e profunda que nós, jovens de hoje, por vezes nos admiramos e remoemos em profundo silêncio, quando ouvimos.

A senhora contribuiu para me dar força e coragem de modo a nunca mais esquecer o que aconteceu naqueles anos e que, infelizmente, em medida muito reduzida, ainda hoje acontece: a maldade e a loucura estúpida estão atrás de cada esquina. Gostaria de que não fosse assim.

Um caloroso e afetuoso adeus.

Michela Balestrini

Malnate (Varese), abril de 2004
Excelentíssima senhora Liliana,
desagrada-me não ter palavras dignas da sua história de vida. Talvez a minha fraqueza me tivesse levado a

apanhar aquela pistola, mas o amor precisa de mulheres como a senhora...

Obrigada, obrigada, obrigada.

MELISSA

Milão, abril de 2004

Cara Liliana,

somos Chiara e Cecília da escola "G. Gandiano", de Pesaro, e escrevemos-lhe em nome de toda a turma.

A sua história comoveu-nos muito porque, por um instante, pudemos imaginar o que significaria para uma menina de treze anos viver naquelas condições desastrosas sem comer nem beber, e sem pai, embora sob este ponto de vista eu possa compreendê-la, porque também eu perdi o meu pai há onze anos (Cecília).

O pormenor da sua história tão especial que nos impressionou mais foi a "raspagem" dos seus cabelos e o tratamento que só poderia ser adequado aos vitelos; e também quando passou na primeira seleção e a sua amiga que estava logo depois de você, e fazia de tudo para salvar-se, mesmo tendo a mão mutilada...

Queríamos agradecer-lhe pelo seu testemunho porque pensamos que era muito útil aos jovens conhecer bem o passado e, sobretudo, refletir na energia gasta por quem nos precedeu para conquistar a liberdade de que hoje usufruímos. Além disso, nós, os jovens, precisamos sentir que os adultos acreditam que sabemos refletir, não somos assim tão superficiais e desinteressados.

Uma vez mais obrigada e adeus. Até um próximo encontro.

CECÍLIA E CHIARA

Pesaro, dezembro de 2003

Ao ouvir o testemunho de Liliana Segre, compreendi quanto sou afortunada e que, às vezes, eu e os meus contemporâneos lamentamo-nos por coisas insignificantes.

Impressionou-me muito o comportamento daquela humilde mulher que deu à senhora Segre aquela rodela de cenoura crua. Foi muito generosa.

CHIARA RIVOLTA

Milão, maio de 2003

Excelentíssima senhora Segre,

estou muito grata pelo seu tocante testemunho. Pessoalmente li muitos livros sobre a *Shoah*, mas nunca me senti tão comovida e participante nessas experiências tão dramáticas.

Pergunto a mim e pergunto à senhora: quando, por motivos cronológicos, já não se puder ouvir pessoalmente testemunhos que evoquem esses trágicos acontecimentos, como será possível comover os nossos corações, já tão distraídos e insensíveis aos sofrimentos que estão próximo de nós, no tempo e no lugar?

A você muita paz e uma vez mais obrigada!

G.

Bréscia, maio de 1998

Querida Liliana Segre,

segui este testemunho com grande interesse e, contudo, sinto uma espécie de dor por estarmos habituados a esses testemunhos.

Li muitíssimos livros sobre os campos de concentração, vi muitos filmes e ouvi aquela canção sobre a vontade de sonhar com outro mundo naqueles campos. Mas o seu testemunho é um tanto diferente, teve uma ressonância imensa.

Agradeço-lhe de coração, dizendo-lhe que senti uma quase identificação.

Obrigada por aquilo que me ensinou. Com grande afeto.

SARA

Milão, abril de 2004

Cara senhora Liliana,

há muitas coisas que gostaria de lhe dizer... Mas talvez o melhor modo para agradecer-lhe seja o de fazer com que as suas palavras continuem a viver no meu coração e nos dos outros.

ANNALISA

Pesaro, dezembro de 2003

Cara senhora Segre,

sabia, através de amigas, como poderiam ser incríveis o seu testemunho, a sua capacidade de contar e sua paixão. Foi por isso que vim.

Hoje mesmo poderia ter trazido a Milão minha mãe, de Údine, mas infelizmente não consegui. No próximo ano, quando esta extraordinária oportunidade de novo se apresentar, lá estaremos as duas. Que pena o meu filho de um ano ser ainda muito pequeno para unir-se a nós.

Transcrevi com empenho, palavra por palavra, todo o relato e, dentro de alguns anos, o chamarei e contarei esta história incrível.

Obrigada, obrigada e ainda obrigada.

LAURA SIDOTI

Milão, abril de 2004

Cara senhora Liliana,

obrigada pelas suas lágrimas, obrigada pela dor que conserva ao voltar a percorrer a sua história, mas, sobretudo, obrigada pelo tijolinho que colocou na alma de todos nós. As suas palavras estão carregadas de uma força misteriosa que nos tornará centelhas no escuro.

Um abraço forte.

SELENE

Pesaro, dezembro de 2003

Quero agradecer-lhe porque tê-la ouvido foi uma experiência que mudou a minha vida.

MATTEO

Pesaro, dezembro de 2003

Não consigo imaginar que "vida" teve. Só posso fazer uma vaga ideia. Não consigo compreender como fez para encontrar força de continuar, tanto psicológica como fisicamente.

A senhora disse que nunca se deveria dizer: "Nunca conseguirei", porque sempre é possível. A sua história é uma prova disso. É este o ensinamento mais importante dos que aprendi, e que recordarei por toda a vida.

O testemunho impressionou-me porque compreendi muitas coisas que não encontrei nos livros e, talvez, nunca encontrarei.

Sílvia

Milão, maio de 2003
Obrigada, Liliana, por ter-nos dado a possibilidade de sermos testemunhas do que lhe aconteceu.

Li muitos livros sobre este assunto, mas graças ao seu relato, ao seu modo de exprimir a sua vivência, senti emoções muito mais intensas, diferentes, que um simples livro não conseguiu transmitir-me.

Penso que não será fácil viver com semelhante recordação, mas ao mesmo tempo estou certa de que a ajudará a, como poucos, apreciar a vida!

Stefania

Pesaro, dezembro de 2003
Cara senhora Liliana Segre,
gostaria de que soubesse que, perante uma experiência tão forte como o testemunho que transmitiu, revi com

SOBREVIVEU A AUSCHWITZ

mais consciência uma experiência dramática de violência psicológica da minha vida. Obrigada.

SABRINA

Milão, abril de 2004
Cara Senhora Liliana,
estive em Auschwitz e é como respirar o peso e a gravidade da dor e o perfume da esperança.

Penso que não posso deixar de pensar e refletir sobre como o amor deve, para fazer-nos continuar a viver, continuar a arder nos nossos corações, sobretudo quando parece que o ódio pode prevalecer. Com afeto.

SARA

Milão, abril de 2004
Obrigada, porque, graças às suas recordações e aos minuciosos pormenores, naquela manhã senti-me também eu a menina judia prisioneira, e sobretudo porque, depois de ter ouvido as suas palavras, compreendi que o amor e a coragem me levarão sempre longe.

SOFIA

Pesaro, dezembro de 2003

Quando, nos filmes, via os judeus sendo carregados nos comboios, não conseguia ter uma ideia de quanto podia ser terrível aquela viagem. Sempre pensei que fosse a parte menos dramática da vida de um judeu deportado. Mas agora me dou conta de que, talvez, não fosse assim, que não houve uma parte "melhor" e outra "pior".

Só quem viveu essa experiência pode dizer que a conhece bem.

FRANCESCA

Milão, maio de 2003

Uma experiência assim nos faz mudar, torna-nos mais fortes, mais sábios, mais combativos para difundir a verdade.

Esse desejo, juntamente com a determinação e a comoção diante daquelas terríveis recordações, comunicaram-me emoções estranhas, não de compaixão, mas de admiração pela maneira como lutou pela vida.

A senhora era até mais forte do que os seus carcereiros, porque conseguiu viver, nunca se rendeu.

SÍLVIA

Milão, maio de 2003
Cara senhora Liliana,
obrigada por ter-nos aberto os olhos, obrigada por ter-nos feito refletir e obrigada também por ter-nos feito chorar.

ELISA

Pesaro, dezembro de 2003
Cara senhora Liliana Segre,
obrigada. Obrigada porque, nos momentos em que me parecer que a vida não tem sentido ou me sentir muito para baixo, pensarei na senhora e nas suas palavras, e recordarei que é necessário viver a vida; que a vida é bela.
Obrigada de coração, de uma caloura.

GRETA ALIPRANDI

Milão, abril de 2003
Caríssima senhora Liliana Segre,
um agradecimento especial pelo seu testemunho.
Recordarei sempre este dia como um dos mais formadores dos meus estudos. Uma vez mais, obrigado, pela sua vontade e contínua opção pela vida.
Com afeto.

ANÔNIMO

Mil vezes obrigada, senhora Liliana. O que fez por nós foi muito belo e importante. Inicialmente pensava que seria uma conferência aborrecida, mas no fim tive de reconsiderar e estou feliz por isso.

Impressionou-me profundamente: sacudiu o meu coração e abriu-me os olhos. Deve estar muito orgulhosa de si mesma porque, na verdade, fez algo de excepcional.

LICIA

Pesaro, dezembro de 2003
Cara senhora Segre,
o seu testemunho faz crescer em mim a força, o amor pela vida e a vontade de caminhar sempre em frente. Obrigada.

ANNA

Milão, abril de 2004
Cara Liliana Segre,
queria dizer-lhe que ouvi com grandíssimo interesse o seu relato; [isto] será banal e ouvirá repetir estas coisas todos os dias; mas gostaria de agradecer-lhe por ter escolhido ser testemunha.

ANNARELLA

Milão, abril de 2004

Cara senhora Liliana,

mil agradecimentos por ter-nos permitido participar de uma experiência tão forte e verdadeira. Obrigada por tudo o que as suas palavras me fizeram experimentar, pelos pensamentos que despertaram em mim, pelas emoções que me transmitiram.

Admiro muito sua coragem e sua determinação em contar sua vida. Creio que isso é um ato de grande nobreza d'alma e de amor aos outros e à vida em geral. Infinitamente obrigada.

GLORIA

Pesaro, dezembro de 2003

Obrigada, obrigada e ainda obrigada, senhora Liliana.

Obrigada por ter-nos comovido e obrigada por ter-nos tornado participantes de uma experiência tão grande. Obrigada por ter-nos feito compreender qual é o verdadeiro valor da vida. Penso que a senhora deve ser a única pessoa nesta terra a ter conseguido fazer-se ouvir tão bem por tantos jovens.

Obrigada por ter-nos feito compreender qual é a verdadeira liberdade. Permanecerão sempre no meu coração a senhora e a sua história, verdadeira e importante. Estou feliz por ter podido escutá-la, considero-me realmente afortunada!

ELENA

Pesaro, dezembro de 2003

Inicialmente, quando a vi, não acreditava que iria realmente conhecer uma testemunha dos campos de extermínio! Nunca pensaria ouvir as suas experiências ao vivo! Quando a vi, causou-me impressão, medo.

Admiro-a muito, graças à senhora aprendi algo de novo: para viver deve-se querer a vida, nada é impossível, sobretudo nunca dizer "não consigo".

Nunca me esquecerei da dor que sentiu quando os alemães levaram o seu pai e os separaram, porque se o tivessem feito, talvez eu já não tivesse vontade de viver, porque o meu pai é a minha vida; quero-lhe imenso bem, maior do que a minha própria vida! Ao contrário, a senhora não renunciou à vida, apesar de tudo.

Outra coisa que aprendi da senhora: nunca ter ódio no coração.

IBISH MAQUIÑANA

Milão, maio de 2003

Nós ouvíamos absortos o relato de Liliana Segre, sabendo que haveria de ser uma coisa única na nossa vida. Sobretudo, agradou-nos o fato de que ela nos contasse de modo humano, não objetivo como nos livros de história, mas definindo claramente os sentimentos que experimentava em relação aos seus carcereiros.

A coisa que mais me impressionou foi quando a senhora Segre nos falou do seu regresso à família. O motivo é simples: na minha opinião, visto que o campo de concentração foi o símbolo da loucura desumana e impiedosa, não é digno de ser recordado como uma experiência humana, pelo simples fato de que "não era humano".

Mas agora a senhora está aqui, para demonstrar que o homem que não se rende a dizer "não consigo fazer", se ama a vida e tem vontade de viver, pode superar todas as provas.

GIULIA

Milão, maio de 2003

Creio que faz bem recordar esta história aos adolescentes, porque no futuro seremos nós que devemos contá-la aos nossos filhos.

FILIPPO

Milão, maio de 2003

Cara senhora Segre,

sou um aluno qualquer, de uma escola qualquer, mas o que hoje compreendi diferencia-me da maior parte de todos os alunos do mundo, porque tive a honra de ouvir o que realmente aconteceu, sem ter de vê-lo na televisão, mas pessoalmente.

Muitas vezes obrigado por ter-me feito compreender.

MARCO

Milão, fevereiro de 2001

Obrigada, senhora Liliana, pelo que disse, pelo que recordou, pelas palavras que fizeram chacoalhar com violência a minha consciência e despertaram o meu espírito. Disse. "A indiferença mata com uma violência de que não se fala." É verdade: a indiferença do meu presente mancha as minhas mãos de sangue e o meu espírito de cumplicidade.

Presenteou-me com coragem e determinação.

SÍLVIA

Pesaro, dezembro de 2003

Sinto admiração por esta mulher que tem a coragem de contar a sua triste experiência sem chorar. Não me esquecerei de nada, todas as suas palavras eram importantes.

Esta história, como os contos, deve ser transmitida de geração em geração, porque esta é a verdadeira história.

CHRISTIAN

Milão, maio de 2003
Excelentíssima senhora Segre,
somos a turma do segundo ano B da escola estadual Sabbio Chiese (Bréscia). Por ocasião do Dia da Memória, a nossa professora passou um filme com a gravação da conferência que a senhora fez na Universidade Católica de Bréscia, em 1998.

No fim, houve debate e emergiram algumas considerações.

Stefania pensou muito no fato de todos vocês, mesmo em condições terríveis, escolherem sempre a vida; disse-nos que tinha sentido culpa por todas as vezes que desprezou a vida por qualquer coisa que não corria bem, e por isso também agradece.

Luna, ao contrário, concluiu que, naqueles tempos, também a senhora teve de andar com um sinal distintivo e sofrer perseguição enquanto Testemunha de Jeová.

Ficamos comovidos quando a senhora contou que não se tinha voltado para confortar com um gesto ou um adeus a sua companheira Janine, que não havia passado na seleção. À distância de tantos anos, a senhora ainda sente isso como uma culpa; mas Martina, Nicola e todos nós queremos dizer-lhe que em tanto sofrimento era impossível conservar sentimentos e não pensar em si.

Também recordo que, aquele damasco seco que definiu como "o sabor da liberdade", ficou gravado em nós: gostaríamos de abraçá-la e mostrar-lhe que, como concluiu Andrea, felizmente nem todos os homens são iguais e também há muitos que são bons.

Agora, através do seu testemunho, também nós nos tornamos testemunhas e nos esforçamos por não esquecer, por não trair, por também defender nas nossas relações cotidianas aqueles valores de liberdade, justiça e fraternidade que garantem que os homens podem viver bem todos juntos, independentemente das diferenças culturais, religiosas ou sociais.

A chama que a senhora nos confiou está nas nossas mãos.

Saudamo-la e despedimo-nos com afeto.

[UMA FOLHA DE ASSINATURAS]

Sabbio Chiese (Bréscia), fevereiro de 2004

Senhora Segre,

depois de ter escutado o seu testemunho, dou-me conta só agora de que sempre dei importância às pequenas coisas sem minimamente me preocupar com a coisa mais bela que me tem sido dada: a vida.

É uma coisa estupenda: quando crianças e adolescentes, não percebemos o valor inestimável deste dom e, portanto, podem-se cometer erros que, no futuro, não é possível reparar. Também me aconteceu, e posso errar nestas coisas, mas também penso que a vida não é cruel como se crê em certos momentos, mas somos nós que a tornamos assim.

Desejo-lhe que passe o resto da sua vida o melhor possível.

FRANCESCA MELIS

Milão, maio de 2003

Ao ouvir o testemunho de Liliana Segre, compreendi melhor o que aconteceu aos judeus durante a Segunda Guerra Mundial: não pensava que essas pessoas tivessem tido uma experiência tão horrível.

VALENTINA ARENA

Milão, maio de 2003

Queria dizer-lhe que é uma pessoa que deve ser estimada, sobretudo, pela sua grande força de espírito, porque eu, no seu lugar, não sei se teria conseguido, passados cinquenta anos, continuar a testemunhar e, portanto, recordar.

DANIELE GABELLO

Milão, maio de 2003

O que me espanta é que certas pessoas negam que participaram ativamente naquelas tragédias. Na minha opinião, um homem deve assumir a responsabilidade das suas ações.

DAVIDE TESSAROLLO

Milão, maio de 2003

A senhora Segre fez-nos compreender que não importa de que religião ou raça são as pessoas próximas de nós, pois, se pararmos um pouco para olhar, o que têm de diferente de nós? Somos sempre humanos. E se matarmos humanos, com quem viveremos?

BIANCA

Milão, maio de 2003

Excelentíssima senhora Segre,
impressionou-me muito o modo como explicava os acontecimentos. É um modo estranho, não muito comum; foi como identificar-me com a senhora ou com as suas companheiras. Fez-me refletir muito o momento em que "confrontou" a relação que tinha com o seu pai e, depois, com o seu filho e o seu neto. Fez-me refletir sobre a força de espírito quando contava a última vez que viu o seu pai, porque, embora estivesse em parte consciente do fato de que nunca mais o veria, não se deixou abater e não chorou, antes lhe lançava tênues sorrisos.

De vez em quando, enquanto falava, procurava olhá-la nos olhos e via a força de avançar, de continuar.

Eu talvez seja muito jovem para compreender bem toda a história, mas posso dizer-lhe que a senhora é uma pessoa que deve ser estimada.

VALENTINA TEMERARIO

Milão, fevereiro de 2001

Senhora Segre,
não me deu somente um testemunho, mas também uma lição de vida e de humanidade. Soube destruir o ódio

que alimentava pelos nazistas e transformá-lo em compaixão para com eles.

MATTIA

Milão, fevereiro de 2001
Senhora Segre,
os filmes que vi sobre os campos de concentração não me transmitiram uma sensação semelhante. Agradeço-lhe pelo seu testemunho e espero um dia poder contar a sua história aos meus filhos.

MATTEO FRANZETTI

Milão, fevereiro de 2001
Cara senhora Segre,
sou um rapaz de treze anos que foi ouvir o seu testemunho. Talvez não tenha me visto, mesmo estando na primeira fila diante da senhora. Queria dizer-lhe que gostei muito de ouvi-la e iria uma segunda, terceira e quarta vez (embora saiba a dor que estas recordações lhe transmitem).

E como última coisa queria dizer-lhe que, ao contrário do seu comportamento, depois de ter visto o que aquele comandante fez, eu o teria matado.

FRANCESCO BRUNO

Milão, fevereiro de 2001

"Quando ouço os meus netos dizer 'não consigo', digo-lhes sempre que não é verdade, porque o homem, posto em condições extremas, é capaz de uma forte resistência e força para caminhar em frente."

Esta frase, pronunciada pela senhora Segre, ficou na minha mente, antes, no meu coração como um sinal indelével. De fato, frequentemente, pode acontecer a um de nós de ficar sujeito a um estresse psicológico e pronunciar a frase "não consigo". Mas repensando a experiência de vida, tão profunda e atormentada, da senhora Segre, quando me acontece pensar nisso, volto a pensar na sua experiência e procuro mudar a minha atitude em relação à situação. Faço-o, sobretudo, porque, se a senhora ainda está aqui e é capaz de sorrir e de amar de modo tão profundo a vida, significa que, embora eu tenha problemas, podem ser facilmente superados; apenas é necessário a minha força de vontade.

Há cerca de um mês, eu estava vivendo um forte desconforto. E pensei nas suas palavras: ajudar os outros; e consegui, experimentando uma sensação que não esperaria naquele período. Ajudei uma amiga minha que naquele período tinha problemas muito mais graves que os meus. Confortei-a, apoiei-a e o fato de lhe ter levantado o moral, de tê-la visto sorrir depois de tanto tempo, suscitou em mim uma alegria realmente inexplicável que me fez compreender que os meus problemas eram superáveis, apenas bastava encontrar a coragem para enfrentar a situação de cabeça erguida.

Não sei se o que fiz foi do modo certo, mas sei que desde então muitas coisas mudaram, muitas questões se resolveram, muitos mal-entendidos se esclareceram, e isto é o que conta.

Esforço-me por enfrentar a vida de modo otimista, procurando sorrir um pouco mais, não com sorrisos falsos, mas com sorrisos que partem do coração. É difícil sorrir sempre, mas a vida pode ser mais bela e cabe a nós torná-la assim.

Eis por que tenho de dizer obrigada à senhora Segre pelo seu testemunho.

SABRINA ZAMPINI

Legnano (Milão), maio de 2004

Querida senhora Liliana Segre,

sou uma garota de catorze anos. Chamo-me Elena e frequento a escola Leonardo da Vinci. Assisti à conferência que deu no dia 3 de março de 2000, em Bolonha. Fazia parte daquela extensa multidão de alunos que a ouviam. Estava na quarta fila, mas não espero que se recorde de mim. Só queria dizer-lhe que me lembrarei sempre da senhora.

A senhora disse: "Espero que, ao menos, um ou dois de vocês se lembrem do que eu disse e passem esta chama à sua família, aos seus amigos". Não quero pecar por vaidade, mas creio que compreendi o que nos disse naquele dia e falei da sua vida à minha família. E imagine que minha mãe (que não se pode definir como uma pessoa sentimental, mas eu reputo como forte e fantástica) começou a chorar.

Enquanto eu estava na sala, antes que a senhora chegasse, fazia tudo aquilo que, bem, faço habitualmente quando estou acompanhada: falava com a minha melhor amiga, olhava um pouco para os rapazes das outras turmas à procura de um que me agradasse, ria e brincava como faço sempre (no sentido de que, também depois do encontro, não deixei de divertir-me, como vi fazer várias pessoas que, para mostrar seriedade e, parece-me, falsa tristeza, começaram a censurar quem ousasse rir).

Impressionaram-me muitos fatos: a morte de Janine, o fato de a senhora se ter comparado a uma estrela para continuar a viver no campo, quando encontrou a pistola mas não disparou contra o chefe nazista. Está tudo dentro de mim.

Não quero aborrecê-la ainda com os meus discursos, mas agradecer-lhe por tudo, por tudo o que fez por mim, e que talvez não saiba que fez, porque a senhora deu-me alguma coisa que nunca esquecerei: deu-me uma parte da sua vida e eu a recordarei.

ELENA SEMPRINI

Bolonha, maio de 2000

Cara senhora Segre,

estou escrevendo esta carta impelida por aquilo que me ficou do nosso encontro. Confesso que a atração principal era a curiosidade de ver aquela pessoa que, pela sua experiência, devia ser muito diferente das outras. Mas, ao vê-la diferente, inicialmente pensei que se lhe teria endurecido o coração e a alma. Mas, depois, as suas palavras que fluíam velozes expulsaram todo o preconceito absurdo e a fantasia projetou-me para aqueles anos, antes, junto da Liliana menina que nota a mudança e, depois, junto da Liliana de catorze anos, e então vivi com ela, com a senhora, o pranto e o silêncio.

E, enquanto estava lá, projetada junto da senhora, deixava-me cair na *marcha da morte* com o vazio que me oprimia, e a senhora ia transformando aquele vazio na vontade de viver.

E saímos do teatro, cada qual pensando na sua própria Janine. Além disso, a senhora disse que admira Primo Levi e muitos outros que conseguiram desnudar-se diante de uma folha em branco, mas eu admiro imensamente também a senhora, que abriu o seu coração diante de todos nós e que nos deu a honra e a responsabilidade de passar aos próximos a chama do testemunho.

MICHELA

Novafeltria (Pesaro), junho de 2004

Bom dia, senhora Liliana Segre!

Sou uma garota russa que frequenta a escola na Itália.

O seu relato no teatro impressionou-me muitíssimo. Como é típico de todos nós, apliquei imediatamente a sua experiência à minha realidade de hoje e vi que ela não é tão estável como parece à primeira vista. Não se pensa em certas coisas que estão ao nosso lado enquanto não nos tocam ou à nossa família; a isto chamo indiferença, a característica de muitas pessoas de hoje.

A minha cegueira e a minha estupidez apavoraram-me (já sou maior, mas tenho a consciência de uma menina de dez anos).

Nenhum escrito poderá ser igual ao seu relato ao vivo. Mas de uma coisa estou certa: que contarei aos meus filhos aquele encontro no teatro, onde *uma avó* abriu diante de rapazes e garotas o livro da sua vida e deu-lhes a possibilidade de compartilhá-la.

EKATERINA SMIRNOVA

Novafeltria (Pesaro), junho de 2004

Não consigo compreender como ainda há quem considere inútil, supérfluo e ultrapassado um encontro deste gênero. A superficialidade dos da minha idade desgosta-me quase tanto como os atos daqueles assassinos de que ouvi falar por Liliana Segre.

Não se pode ignorar que certas coisas só aconteceram porque já se ouviu falar delas, nem se pode etiquetar a experiência acabada de ouvir como "uma entre muitas", porque é necessário nos darmos conta de que as vibrações de outra pessoa podem ser mais eloquentes do que qualquer documentário ou livro.

A memória, a consciência de fazer parte de um mundo em que essas coisas horríveis aconteceram e em que os homens ficaram mais ou menos os mesmos, e onde estes fatos poderiam voltar a apresentar-se

SOBREVIVEU A AUSCHWITZ

prepotentemente amanhã, esta consciência é aquilo que de maior a sua história podia dar-nos.

O que ouvi é uma herança importante, da qual estou orgulhosa e feliz por ter recebido.

CHIARA BENETTI

Novembro de 2002
Excelentíssima senhora Liliana Segre,
tive o prazer de ouvi-la em Varese, no encontro com os jovens do Liceu Sacro Monte. Tinha decidido participar do encontro porque tenho dois filhos que frequentavam aquele instituto.

Todavia, devo confessar que, sendo professora de História e Filosofia aposentada, fui com a presunção de que já estava informada e consciente, e de que, para mim, se trataria simplesmente de uma repetição, de algo já conhecido. Mas escrevo-lhe para agradecer-lhe a força do seu testemunho: foi como se um momento significativo do passado se me impusesse, no meu presente, de modo vivo, através da consciência de quem o viveu por dentro.

A sua palavra foi verdadeiramente envolvente, tocante; isto é, capaz de caracterizar situações, eventos objetivos, com traços essenciais, decididos, com efeitos

227

de imagem; tudo delineado com grande síntese e aguda inteligência interior. Tive a impressão de estar diante de uma figura realmente heroica, salva pela sua grande interioridade, mas também para restituir-nos, de tanta aberração sofrida, um significado perene que nos salve, nos redima.

Uma lição de história tão importante, tão profunda, não escrita em nenhum outro lugar. Os meus filhos, tanto como todos os jovens que a escutaram, saíram da sala menos insolentes, mais pensativos e, sobretudo, convencidos de que nunca mais pode acontecer algo semelhante, de que isso nunca mais deve repetir-se.

Mas eu comentava com professores que um testemunho como o seu é muito importante e incisivo para que seja apenas acessível àqueles que têm a oportunidade de ouvi-la diretamente. Deveria poder atingir o maior número possível de jovens e adultos. E nasceu assim a ideia de pedir-lhe para escrever tudo o que nos disse, precisamente do modo como o exprimiu.

As suas palavras vivas não nos deixam esquecer, afloram e ecoam na memória, são uma mensagem capaz de tornar-nos melhores, mais conscientes, mais bem orientados para o futuro. Sabemos que estamos lhe pedindo uma grande tarefa, mas, mesmo assim, o fazemos.

Agradeço-lhe ainda muito e de coração, com os meus cumprimentos.

ROBERTA MONTALBERTI

Varese, abril de 2000
Excelentíssima senhora Segre,
graças à preparação do docente T. Bordini sobre tudo o que se refere à *Shoah* e graças ao seu testemunho, conseguimos compreender até onde pode chegar a crueldade de um homem. Agora compreendemos como a vida é importante, enquanto nós a subestimamos.

Finalmente, no que se refere à sua amiga Janine, quereríamos dar-lhe um conforto moral, dizendo-lhe que também nós nos teríamos comportado de igual modo e estamos convencidos de que parte do seu coração é para ela.

Agradecemos-lhe novamente por ter-nos dado a oportunidade de não esquecer.

EMILIO CONTESSA, STEFANIA GUASTINO,
VITTORIA TAGLIABUE, ALESSANDRO MIGLIAVACCA

Besozzo (Varese), junho de 2000

Excelentíssima senhora Liliana,

quem lhe escreve é um jovem de vinte e quatro anos, recém-formado em Letras, que teve a honra e o prazer de ouvir o seu testemunho, já há quase cinco anos, no Teatro Nacional de Milão. Naquela ocasião, era apoiada pelo testemunho da senhora Helga Schneider, de quem pude ler os quatro livros que escreveu. Voltei a vê-la em vídeo, por ocasião da exposição *Shoah, a infância roubada*, organizada este ano em Milão.

Acabo de ler o livro de Daniela Padoan, em que a senhora e outras duas sobreviventes do inferno de Auschwitz recordam aquele período terrível. E não consigo deixar de comover-me profundamente, sentindo uma ternura infinita pelas suas experiências, no sentido mais alto do termo, porque a senhora é quase da mesma idade da minha querida avó e também de uma garotinha holandesa que se tornou símbolo da *Shoah*, Anne Frank (ambas nascidas em 1929).

É para mim insuportável descobrir sempre mais o mal que foi perpetrado contra tantos inocentes. Desde o ensino médio, também pelo fato de não ter conhecido meu avô materno, antigo interno em Sandbostel, no Norte da Alemanha, quis documentar-me sobre o assunto, espantando-me sempre com a crueldade usada pelo regime nazista para atingir grupos inteiros de população, a começar pelos judeus.

E, assim, comecei a ler, como devorador de livros que sou, para tentar compreender como foi possível, em pleno século XX, chegar a tais ferocidades e aberrações. Mas, no fim, cheguei à conclusão de Primo Levi: é impossível explicar, dar um sentido ao que foi. A única coisa possível que conta verdadeiramente é "recordar, recordar sempre" para evitar que aconteça novamente.

E foi por isso que quis escrever-lhe: para agradecer-lhe tudo o que a senhora, e outros como a senhora, têm feito e continuarão a fazer para manter viva a memória, dando também a conhecer às novas gerações o que aconteceu.

Infelizmente, dou-me conta de que pertenço a uma geração distante daqueles horrores e de quanto os da minha idade estão desinformados ou, melhor, só temos informações fragmentadas e incompletas, quando não mesmo completamente ignorantes sobre o tema *Shoah*. Continue assim, com essa sua obrigação de contar, com essa necessidade imprescindível de testemunhar tudo o que aconteceu "para não esquecer". Com muito afeto.

IVANO PRESOTTO

EMANUELA ZUCCALÀ

Seveso (Milão), julho de 2004
Cara Liliana Segre,
gostaria de ter uma avó como a senhora, que me contasse as coisas com simplicidade, amor e verdade.

ANÔNIMO

Impresso na gráfica da
Pia Sociedade Filhas de São Paulo
Via Raposo Tavares, km 19,145
05577-300 - São Paulo, SP - Brasil - 2015